跨文化交流

——轨道交通类专业境外服务交流技能

主 编 李 莉 龚 娟 封志华
副主编 段树华 徐 磊

西南交通大学出版社
·成 都·

图书在版编目（CIP）数据

跨文化交流：轨道交通类专业境外服务交流技能 / 李莉，龚娟，封志华主编.—成都：西南交通大学出版社，2017.7
ISBN 978-7-5643-5586-9

Ⅰ.①跨… Ⅱ.①李…②龚…③封… Ⅲ.①文化交流–高等职业教育–教材 Ⅳ.①G115

中国版本图书馆 CIP 数据核字（2017）第 166810 号

跨文化交流
——轨道交通类专业境外服务交流技能

主　编 / 李莉　龚娟　封志华	责任编辑 / 张慧敏
	助理编辑 / 孟　媛
	封面设计 / 墨创文化

西南交通大学出版社出版发行
（四川省成都市二环路北一段 111 号西南交通大学创新大厦 21 楼　610031）
发行部电话：028-87600564　　028-87600533
网址：http://www.xnjdcbs.com
印刷：成都中铁二局永经堂印务有限责任公司

成品尺寸　185 mm×260 mm
印张　7　字数　161 千
版次　2017 年 7 月第 1 版　　印次　2017 年 7 月第 1 次

书号　ISBN 978-7-5643-5586-9
定价　25.00 元

课件咨询电话：028-87600533
图书如有印装质量问题　本社负责退换
版权所有　盗版必究　举报电话：028-87600562

前　言

随着经济全球化发展的持续深入，人类社会需要经常跨越民族，跨越国界，在全球范围内展开全方位的交流与合作。经济的全球化并不意味着文化也能随之全球化，如果忽视文化差异，或者缺乏相应的文化知识和交流能力，那么，跨文化交流就会遇到交流障碍。

轨道交通装备制造业国际化经营与经济合作的成功，不仅需要管理与技术等服务人员具备较好的专业知识和丰富的实践经验，而且还必须具备跨文化交流能力。这种能力在轨道交通装备制造业的转型与发展中起着至关重要的作用，是其他要素无法替代的。跨文化交流是处于多元文化工作环境下的人们所必须学会的基本功，人们应该通过学习来提高跨文化交流的能力。跨文化交流课程是学生们了解和掌握不同文化之间差异和交际的一门课程，具备一定的实践性和应用性。

跨文化交流学诞生于1959年，美国学者爱德华·霍尔在《无声的语言》一书中，首次提出了"跨文化交流"的概念。此后，跨文化交流学开始作为传播学的一个分支学科确立下来，旨在研究来自不同文化背景的人们如何进行交流及如何提高跨文化交流技巧，同时研究跨越跨文化交流障碍的方法和途径。

本书的目的在于培养轨道交通类专业学生在多元文化下的社交技巧和处事技巧等能力，增强认知能力，即意识到文化的多样性；强调情感能力，即交际和适应性；改变行为方式，实现与来自不同文化背景的人进行有效交流。

由于编者水平有限，且时间仓促，错误和偏颇在所难免，恳请专家与读者批评指正。

编　者
2017年5月1日

目 录

模块一 跨文化交流概述

第一章 文化差异案例 ·· 002
第二章 文化与跨文化交流 ·· 005
    第一节 文化 ·· 005
    第二节 跨文化交流学 ·· 007

模块二 入境手续

第三章 学习情境——德国 ·· 015
    第一节 常见出入境证件办理 ·· 015
    第二节 德国概况 ·· 018
    第三节 生活、文化礼仪 ·· 020
    第四节 申请赴德商务签证 ··· 022
    第五节 乘坐飞机的流程及注意事项 ·· 024

第四章 学习情境——新加坡 ··· 028
    第一节 新加坡概况 ·· 028
    第二节 生活、文化礼仪 ·· 031
    第三节 中国公民办理新加坡签证 ··· 033

模块三 生活交流

第五章 学习情境——美国 ·· 041
    第一节 美国概况 ·· 041
    第二节 生活、文化礼仪 ·· 043

第六章 学习情境——马来西亚 ·· 052
    第一节 马来西亚概况 ··· 052
    第二节 生活、文化礼仪 ·· 055

第七章　学习情境——伊朗 ·· 059
　　第一节　伊朗概况 ··· 059
　　第二节　生活、文化礼仪 ·· 061

模块四　工作交流

第八章　学习情境——哈萨克斯坦 ·· 071
　　第一节　哈萨克斯坦概况 ·· 071
　　第二节　生活、文化礼仪 ·· 073

第九章　学习情境——泰国 ·· 075
　　第一节　泰国概况 ··· 075
　　第二节　生活、文化礼仪 ·· 077

第十章　学习情境——加拿大 ·· 080
　　第一节　加拿大概况 ··· 080
　　第二节　生活、文化礼仪 ·· 083
　　第三节　自我介绍与产品介绍礼仪 ··· 088

模块五　突发事件处理

第十一章　学习情境——英国 ·· 094
　　第一节　英国概况 ··· 094
　　第二节　生活、文化礼仪 ·· 096
　　第三节　突发事件处理 ·· 098

第十二章　意外事故处理 ··· 100
　　第一节　常见意外处理方法 ·· 100
　　第二节　其他意外事故的处理 ·· 102

参考文献 ·· 105

模块一

跨文化交流概述

随着经济全球化的持续深入，人类社会活动经常跨越民族，跨越国界，甚至跨越文化，在全球范围内展开不同领域的合作与交流。在全球化背景下，轨道交通装备制造业国际化经营与经济合作的成功，不仅需要管理与技术等服务人员具备较好的专业知识和丰富的实践经验，而且还必须具备跨文化交流能力。随着跨文化交际日益增多，跨文化交际能力已成为现代人才必备的一种素质。

在人类历史上，人与人之间的交流与沟通一直就存在着，并起着重要的作用。随着交通技术和世界经济的发展与进步，来自不同文化、不同国家的人与人之间的沟通越来越便利，也越来越频繁。随着不同文化群体之间的互动日益增多，在不同文化群体之间进行交流时，遇到障碍和摩擦也是在所难免的。当人们开始意识到了解不同文化的重要性时，跨文化交流学的作用就显得日益重要起来。

第一章　文化差异案例

一、任务描述

张先生是一名在某日资著名电器公司工作的中国电子工程师,他将一个被质量检测员淘汰了的不合格电路板修好,并把修好的电路板放回到合格产品里。张先生却因为这件事被日方质检经理叫到办公室,并受到责备。张先生为什么会受到日本经理的责备,问题出在哪里呢?

【案例】

一天,张先生看到了一个坏掉了的PCBA,这是多媒体电脑使用的一种电路板,每一个这样的电路板上都有着不少昂贵的元件。张先生认为,自己作为电子工程师,有责任将它修好,不至于使它成为一个废品而被丢弃。经过两个小时的修理,张先生把电路板完全修好,并通过了仪器的检测,表明电路板的性能完全合格。他为自己所做的事情感到骄傲,并把名字签到了PCBA板边上的卡片上。

约一个小时后,经过张先生修理的PCBA板没有通过质检部门的审核。日方质检经理将张先生叫到办公室,责问他:"为什么你要修复已经损坏了的PCBA板,并且还把它放回到生产线上?"

张先生十分自信地回答说:"那个PCBA已经不再是不合格的了,我保证它能正常工作。为了帮公司节约成本,我费了很大的力气才把那块PCBA修好了。这对公司是有益的。您为什么把我叫到这里,并且这么严厉地责问我呢?"

质检经理没有回答他的问题,而是直接问道:"如果一个多媒体电脑使用的是修好的,但是曾经严重受损过的PCBA板,你会买一个这样的多媒体电脑吗?张先生,虽然你想为公司节约成本,但是公司的信誉是无价的。如果修理好的PCBA通过了质量检验并到了消费者手中,这对公司声誉来说将是一场灾难。这就是为什么我们要扔掉严重不合格的PCBA板的原因。"

二、案例分析

【讨论】

1. 张先生为什么要修好损坏了的PCBA板,并将它放回到生产线上?
2. 张先生是一个负责任的工程师吗?日方质检经理是如何看待张先生的这一举动的?
3. 中国与日本在责任问题上有着什么差异呢?

【分析】

◎ 矛盾冲突

在本案例中，张先生为了帮助公司节约成本，主动修好了一个不合格但造价昂贵的PCBA电路板。然而，这个电路板却没有通过质检部门的检测。因为虽然修好的电路板能正常工作，但是日方质检经理认为，在产品中使用曾经出过严重问题的电路板是一种不负责任的态度，会有损公司的声誉。日本电器制造业看重产品质量和企业声誉，而中国的传统观念是提倡节约。张先生在公司的遭遇正是日本公司的经营理念和中国传统美德之间冲突的体现。

◎ 原因分析

"勤俭节约"历来被视为中华民族的传统美德，因而在古籍典章中，民间谚语里以及历史名人佳句中，不乏关于勤俭节约的名言警句。例如："一粥一饭，当思来处不易；半丝半缕，恒念物力维艰。""精打细算，油盐不断。""新三年，旧三年，缝缝补补又三年。"受到中国传统教育的影响，张先生自然认为自己主动修好了成本高昂的PCBA电路板，是有益于公司的，表明他是一个有责任心的工程师。但是，日方管理人员认为公司首先应该对客户负责，在产品中使用曾经出过严重问题的电路板对客户不公平，是一种不负责的态度，会有损公司的声誉。可见二者虽然都强调责任，但是张先生认为帮助公司降低成本是他的责任，而公司经理认为客户满意才是自己的责任。张先生作为一名工程师，看待事件的立场不同于公司经理，他只看到了做好本职工作节约成本的一面，但由于缺乏大局观念，而没有看到在小处节约了成本，却可能影响公司多年建立起来的声誉，造成更大的损失。

此外，在20世纪初，日本企业的产品质量并不好，在人们心目中简直就是假冒伪劣产品的代名词，当时日本人崇尚中国的"上海货"。一直到20世纪中叶，这一现象未有任何改观。为了改变人们的这一印象，日本政府提出"质量救国"的战略。日本的质量管理创造了举世公认的业绩，诞生了松下、东芝等产业巨头。当时，消灭次品、消灭缺陷产品成为日本产业界各个工序、环节的共同目标。美国的集成电路缺陷率约为1%，而日本却为1‰，这个巨大差距成为美国在日美半导体之战中败北的原因。只有质量好，才能得到顾客的认可，公司才能得到长久的繁荣。质量不过关，失去顾客的信任，才是公司最大的损失。

日本国土面积狭小，资源紧张，所以日本人也十分强调节约。在日本，由于日本人崇尚节约，许多媒体便每年举办各种"抠门大赛"，这样的节目人气非常高，还带动很多日本人发明新的节约办法。但是，在张先生这个案例中，日方公司的质检经理并不是因为张先生的节约意识而批评他，而是因为张先生在考虑公司利益的同时却忽略了客户的利益。

【文化沟通】

最后，双方意识到这是文化差异问题，也说明在公司经营管理理念上存在着差异。

那么要怎样来缩小这种差异，使得公司的所有员工都能明白并支持公司的管理理念呢？

作为管理者，质检经理应表彰张先生为公司降低成本，自觉修好了 PCBA 电路板。但是，同时要解释张先生的举动为什么有可能损害到公司客户的利益，从而避免中国员工对这件事的猜测和不理解。

同时，公司可以成立有关质量管理的培训班，让所有员工都明白质量第一的公司理念，宣传公司对客户的负责态度。

第二章　文化与跨文化交流

第一节　文化

一、文化起源

"文化"一词源于《周易》贲卦象辞："观乎人文，以化成天下。"最早明确提出"文化"一词的是西汉学者刘向（约公元前 77—公元前 6）所著《说苑•指武》："凡武之兴，谓不服也；文化不改，然后加诛。" 这里所谓"文化"之"文"与"武"相对。"武"作为一个会意字，在甲骨文里显示为人持戈行进的样子，意指动用干戈以行军旅之事。这里"武之兴"是指为了征服天下而动用军事力量，这种力量可以被理解为一种物质力量，而与"武"相对的"文"就应该被理解为某种精神力量，所谓"文化"就是指运用某种精神力量来收服人心，使天下归顺。在运用精神力量尚不足以使天下归顺的情况下，才要动用军事力量来对不归顺者进行暴力的杀戮，以便震慑人心，最终达到天下归顺之目的。这就是所谓"凡武之兴，谓不服也；文化不改，然后加诛"的意思。可见，中国固有的文化概念是属于政治范畴，其内涵是国家治理的一种方式，一种非暴力的或和平的方式，这种方式不是动用国家暴力机器来实施对国民的行为控制，而是运用国家宣传机器来开展对国民的精神训导和思想教育，由此来实现统治者对国民的思想统治。

西语中被汉译为"文化"的英文和法文单词都是"Culture"，德文单词是"Kultur"，它们都来源于拉丁文 Cultus，含有耕耘、耕作土地，种植、栽培庄稼，培育、饲养家畜等义。这种涵义今天在英语"农业"（agriculture）和"园艺"（horticulture）二词中仍然保留下来。17 世纪末，法国学者安托万·菲雷蒂埃所编《通用词典》（1690）对"Culture"（文化）一词的释义是："人类为使土地肥沃，种植树木和栽培植物所采取的耕耘和改良措施。"（转引自维克多·埃尔：《文化概念》，康新文、晓文译，上海人民出版社，1988 年，第 3 页）这说明，西方固有的文化概念是属于经济范畴，其内涵是人类改造自然的一种劳动方式，一种旨在从自然界中谋得物质生活资料的农耕活动和耕作技术。文艺复兴以后，人们逐渐把人的培养称为文化。

二、定义

文化是人类所创造的物质的和精神的成果，它包括人类创造的器物和其他物质产品、技术和知识、规范和习惯、信仰和价值等。

广义：文化指一切人所创造的文明成果。

中义：文化是人们的生活方式，包括思维取向、行为模式和制度导向。

狭义：文化主要指基本信念或意识形态。

一般而言，跨文化交流的"文化"主要讨论的是"中义的文化"，也就是一整套生活方式的差异。美国人类学家罗杰·M·基辛（Keesing）在他的《文化人类学》中说：文化必定是可思的（thinkable）、可学的（learnable）、可处的（liveable）。"使人成之为人"（make humans human）的知识、经验、理解、意义、语言、信息所构成的观念体系，就是文化或文化模式。

文化是由人创造出来、并为人所用的精神和物质产品。由于人性的相通性，文化作为"人造品"所体现的价值观或生活理念，虽然可能有地域和习俗上的明显差异，仍应该是可以被绝大多数人所"跨文化"地理解和解释的。文化是可以相互学习、彼此交流和共同改变的，是可以继承和发展的。

三、特征

文化是跨文化交流中一个最重要和最基本的要素，具有习得性、自我中心性等特征。

文化的习得性是指文化能教会人们重要的日常生活规则，如礼仪、办事惯例、对待时间的态度、如何穿着等。文化会影响到一个人成长过程中的各个层面，包括生活规范、行为习惯等，帮助其学会该文化群体所共同遵守的社会规范，使其成为该文化群体中合格的一员。

每种文化都有"我族中心主义"的因素或倾向。因为文化是一种共享知识，它为一个群体的多数成员所认同，并决定了他们思维和行动的基本取向。个人有本能的"自我中心主义"，文化群体也有集体的"我族中心"倾向。由于人们的生活方式、思维模式、价值观念等各不相同，也就形成了各种各样的文化，不同文化的人都会本能地认为自己的文化优越于其他文化。生活在一种文化里的人会自然而然地用本文化群体所遵从的价值观念、思维模式等去衡量其他文化群体的思想及行为方式，当这种做法达到一定程度的时候，便容易产生各种各样的分歧和冲突。

四、功能

文化的功能是多方面的，对个人而言，具有塑造人格、引导个人社会化的功能；对团体而言，有着建立规范和整合言行的功能；对国内和国际社会而言，文化起着社会力量凝聚、引导和整合的作用。

2005年，法国以第一次世界大战为背景拍了一部电影《圣诞快乐》。影片的开始如同其他战争片一样血腥，终于，平安夜来临了，苏格兰人穿上了方格短裙吹起了悠扬的苏格兰风笛《齐来崇拜歌》，这一举动震惊了友方阵地的法国人和敌方阵地的德国人，所有人似乎都沉浸在音符中，这一刻，只有音乐，只有爱，战争的阴影暂时消失了，然后，随军的德国音乐家夫妇开始和着风笛的旋律歌唱，法国人也拿出了香槟，所有人在耶稣诞生的日子里都带着微笑，洋溢着让人感动的气息，即使是在他们分开的时候，苏格兰人又吹起了风笛，这一次的曲目是《友谊地久天长》。这三支部队之间的战斗，也再也继续不下去。

他们之间有着相同的传统节日，相似的文化背景，文化的强大力量将白天还在生死搏杀的敌人联系在了一起，彼此成为了朋友。这并不是虚构的电影情节，而是第一次世界大战中发生的真实事件。

第二节　跨文化交流学

一、概念

跨文化交流学又称跨文化传播，指的是来自不同文化背景的个体、群体或组织之间进行的交流活动，包括国与国、团体与团体和个人与个人间的交流。现代交流学认为，"交流"是人与人之间沟通信息的过程，即人们运用语言或非语言信息交换意见、传达思想、表达感情和需要的交流过程。交流能力是一种社交能力，而跨文化交流能力是在拥有基本交流能力的基础上，在不同文化背景下的有效交流能力。

二、诞生

第二次世界大战之后，美国成为称霸世界的超级大国，提出了由美国对被战争破坏的西欧各国进行经济援助，并协助重建的"马歇尔计划"。通过这个计划，大量的美国科学技术人员和各类专家被派到欧洲参与援助项目和重建工作，他们中的许多人因为"文化障碍"而无法顺利完成跨文化援助的工作。同时，许多重要的国际组织也纷纷建立，如联合国、世界卫生组织等。不同文化之间的交往日益频繁，跨文化交流学研究的必要性也凸显出来。而且，第二次世界大战后的美国作为一个新兴大国，吸引了世界各地的移民和留学生，多元文化背景下的多民族共存的生活环境里也充满了文化习惯和价值观念的频繁碰撞。因此，美国的文化人类学者们有了大量投身于跨文化交流学研究的机会，美国也就自然而然地成为了跨文化交流学的诞生地。

曾经在美国国务院下属的外交服务学院（Foreign Service Institute）工作的爱德华·霍尔就在自己的培训和教学工作中提出了跨文化交流的基本概念，并提交了自己的许多系统研究心得和科学的文化差异与比较方法。1959年，他出版了经典著作《无声的语言》，并首次使用了"intercultural communication"一词，这被认为是"跨文化交流学"诞生的标志。

三、文化与交流的关系

文化与交流密不可分，一方面，任何形式的交流（包括跨文化和同文化交流）都要受到文化本身的影响；另一方面，交流又会对本文化和跨文化产生影响，对本文化的发展起到促进作用。

任何交流活动都是文化的承载者，也就是个人或团体来完成的，所以在交流过程中，一个人的思维方式、价值观念、风俗习惯等，都会对他的交流行为产生巨大的影响。举个简单的例子，中国人、韩国人喜欢走亲访友、串门子，经常会不请自到；而美国人则强调要预约，否则即便朋友到门口也不会接待。我们可以想象，当美国人和韩国人或中国人往来的时候，他们的这些习惯自然会对双方的交往产生不小的影响。

同时，交流也会对文化产生巨大的影响。文化是一个不断演进的系统，文化演进的动力主要表现为两种，一种是文化自身所产生的发明创造和精神产品，另一种则是通过交流吸收的异文化产品。日本就是一个非常典型的例子。在早唐时期，日本先后多次向中国派送遣唐使，学习中国的先进文化，如今日本的很多生活习惯都与中国相似。日本的建筑有中国古代建筑的影子，日本的茶道更是起源于中国，就连日本的文字也有很多地方借鉴汉字。当时，从中国引进的生产技术对日本社会的进步起到了极大的促进作用。

对中国来说，自改革开放以来，中国已经通过对外交流引进大量的先进技术，大大推动了中国经济的发展。因而，跨文化交流学也将在中国的经济发展中，扮演越来越重要的角色。

四、文化冲突

在不同文化互相接触的过程中，各种不同文化的人在进行交往的时候，通常会遵守本文化中的行为规范和思维方式，而不同文化的人进行交往时会遇到不同的规范，并由此引发冲突。

美国文化认为人的独立性是最为重要的，所以美国人最为看重的是人的自由和独立，而日本文化最为看重的则是个人对团体利益的服从，所以严格要求个人的行为必须符合团体的利益。当这两种文化的人进行交往的时候，如果双方都用自己的标准要求对方，那么轻者双方会对对方的行为感到难以理解，重者就会引发各种各样的冲突。

中国、新加坡以及一些东南亚国家受儒家文化影响深远，人们头脑中的等级观念都比较强，文化中有相当多类似的地方。当中国人与新加坡人初次见面时，彼此会不约而同地先交换有关的背景资料，比如年龄、籍贯、工作单位等，以此来确定双方的地位和相互关系，再依据关系来确定交谈的方式和内容，并注重一定的起坐、出入先后等礼仪。在这种交流中，中国人和新加坡人都比较了解和认同彼此的文化，因而交流的过程较容易，结果也比较令人满意。而在西方文化，特别是美国文化中，等级和身份观念比较淡薄，交流时也较少受到等级和身份的限制，不像东方人那样拘礼。例如在课堂上，美国学生喜欢与老师争论问题，认为这是正常现象，而在中国老师的眼中这就是唐突。如果师生双方不去了解彼此的文化和风俗，不主动缩小彼此之间的文化差异，那么这样的交流一定无法令人满意。

五、跨文化交际中的主要文化差异

1. 时间观念

中西方时间概念的差异是中西跨文化交际中的一个突出表现。在西方，人们对时间的观念和概念很精确，守时被认为是一种美德。与西方不同的是，中国人对时间的观念没有那么精确。在日常生活中处处可见此类差异，在西方无论是拜访朋友或是赶赴约会，都会提前安排并计划，事先通知和约定，并按时赴约。而且会在拜访见面之前说明目的，商定好准确的会见时间、地点。而中国人拜访朋友或者赶赴约会等事项的约见时间并不是固定在某时某分，而是一个时间段。在这方面，双方都认为互不适应，西方人认为东方人不守时，不信守承诺；东方人认为西方人做事太死板，缺乏灵活性。

2. 客套语

受中国传统封建制度和传统儒家思想的影响，推崇"天人合一"哲学理念的中国人注重谦虚，视谦虚为一种美德，推崇"贬己尊人"的为人处世准则，遵循"上下有义，贵贱有分，长幼有序"的原则。在汉语中有大量的敬语和谦词，在与人交往时，对待长辈或上级时要用敬语，如："您""先生""部长"等敬语，否则会被认为失礼；谈及自己时要用谦语，否则会被视为有失礼节、没有礼貌。当收到别人的赞美或夸奖时，中国人往往倾向于不接受或者不正面接受，常使用谦虚的话来回答，有时还会加以适当的自贬意义，比如说："哪里，哪里……""我做得还不够好""过奖，过奖……""不敢当"；在发表学术文章时，总是以"浅析……""试析……""试论……"等为标题；在出版书籍刊物时，总会在前言部分使用"成书仓促，不尽详解，偏颇之处，还望批评指正……"之类的谦语表示谦虚。中国人不愿意突出个人主义，强调集体观念。西方在客套语方面的观念与中国大不相同。西方文化具有个人主义的特点，认为每个人都是独立个体，没有传统的贵贱之分，这种主体上的平等关系使人们追求自我实现，高度重视个人权利、个人隐私，因而更强调人际之间的"平等"。在接受赞扬夸奖时，西方人会欣然接受，并表示感谢之意，常以"Thank you"回答，并没有过多的自谦自鄙的意义，认为接受赞扬是对对方的尊重并避免伤害对方的面子。比如说：赞扬朋友新买的衣服漂亮好看。西方人会接受赞扬表达感谢之意，中国人会谦虚推辞，说款式不好或者颜色不对，甚至会说是去年过时的款式之类客套话。西方人会认为你否定了他人的赞扬或者否定了自己的优点，因而认为中国人的态度是不诚实的、虚伪的。

3. 餐饮习俗

热情好客是中国的传统美德，这一点在餐饮习俗上尽显无疑，中国人宴客吃饭，菜式丰富、待客热情。主人会提前预备丰盛的佳肴招待客人，但还会谦虚地说"没准备什么好菜""招待不周"之类的谦语；席间，主人会主动给客人夹菜、敬酒敬烟，整个饭桌一直热热闹闹，饭后，会询问客人是否吃饱、吃好，还会自贬地说"招待不周，没让您吃好"。传统习俗中甚至还有"忍嘴待客"的说法，宁愿主人少吃一些也要招待好客人，唯恐怠慢了客人，尽显主人好客热情之道。并且，与人交往中中国人往往把餐桌当作一个交际平台，人情往来、商务谈判无不在餐桌边进行。而西方的餐饮习俗较为简单。菜式并不是很复杂，不是以菜式的数量来衡量主人的好客程度。由于人们讲求尊重个人权益和个人隐私，主人不会主动给客人夹菜，也不会劝酒敬烟，而是以各人的喜好和选择就餐，氛围轻松随意，席间注重情感交流，很少有人在饭桌上高声喧哗。

4. 隐私问题

在社会中，人有社会的一面，也有个人的一面；中国文化是群体主义取向，所以强调人的社会的一面超过了个人的一面。而西方文化是个人主义取向，强调人的个人一面超过社会的一面。中国人认为个人要归属集体，讲求相互关心，因此常常愿意了解别人的酸甜苦辣，乐于共同分担，替别人排忧解难，使人感到温暖、宽慰，人情味十足。再如，中国的父母在子女教育问题上的隐私观也不是很明确，父母可以询问子女任何一方面的情况，并以自己的认识判断左右子女意识。而西方人坚持独立的自我观，在交际中比较注重个人空间、个人权力和个人隐私。年龄、家庭出身、工作单位、收入情况、婚姻状况、家庭关系、宗教信仰、私人友谊等方面都是个人的隐私范畴，既不愿意向别人提及自己的私事，也不愿意受到别人的评价和干涉。在中国人看来，不去主动关心朋友所发生的事情，不去共同分担的朋友太过冷漠和冷淡，没有人情味；而在西方人看来，主动了解朋友的事情，探听隐私共同讨论是对他人的不尊重，侵犯了他人的独立空间。

5. 称谓用语

不同的称谓体系反映着各民族独特的社会关系和文化背景。称谓用语不仅能直接体现社会的意识形态，还能部分反映出一个社会的历史。中国人常常无法弄清西方人的亲属关系，觉得一片混乱，没有亲疏远近之分，而西方人也无法弄清中国称谓中复杂的亲戚关系。例如：英文中的 sister 一词既有中文中的"姐姐"又有"妹妹"的意思，brother 既有"哥哥"又有"弟弟"的意思，类似的情况还不少。

六、跨文化交流为什么会失败？

跨文化交流失败的原因很多，主要由于不同文化在语言、思维方式、价值观、交际方式、冲突处理方式等方面的差异和误解。

1. 语言

没有语言就没有文化。使用抽象和象征的语言进行交流是人之为人的重要标志。

世界上的语言虽然多种多样，但都有一些基本特征，如概括性，各种语言都起到了将复杂事物进行分类和归纳、将无穷无尽的世界进行排序和描述的作用。语言影响了人的认知和思维。

例1：雪地上生活的爱斯基摩人对雪的白颜色有多达十几种的具体区分，有一百多种词汇来描绘人与雪和冰打交道时的不同感受，因为雪对他们的生存至关重要。

例2：传统的阿拉伯语中有 6 000 多种与骆驼有关的词汇，分别表述它们的颜色、体型、性别、行走、状态和装备等。这些丰富的概念和词汇目前有许多消失了，因为骆驼在阿拉伯民众日常生活中意义消减了许多。

例3：汉语中有极其细致的亲戚关系概念分类，有特别多的人伦道德概念和词汇，《红楼梦》中有许多复杂的人际关系称谓和日常交际中必须注意的规范，即便是中国年轻人也常常是读得一知半解，对其中的人际关系模糊不清。

即使是使用同一种语言，但由于文化的差异，同样会产生交流障碍。曾有大学进行过一项调研：同样用英语表示拒绝，一组是美国学生，一组是英语流利的约旦学生。美国学生表示拒绝或道歉时就会用比较简单的词语。但约旦学生就会想和母语一样用许多话来表达。依照本民族的传统，他们努力将"可怕的"拒绝变得比较委婉，更多地寻求对方的理解，强调以后还有机会，还有相互帮助的必要等。显然，他们想要把拒绝可能带给对方的消极情绪降到最低点。

对许多中国人而言，向他人说"不"，也是一件困难的事情。

可见，即使是在使用"外语"交流，多数人都仍用自己的母语文化在思考，仍以自己原有的文化习惯在行事。不仅如此，许多国家内部的"文化战争"告诉我们：许多移民即使学会了新的语言，通过了入籍考试，宣誓入了籍，他们内在的文化根性也仍会有意无意地世代相传。所以，"语言不通"的交流障碍是外在的、暂时的、容易解决的，"文化不通"的障碍才是真正的交流障碍。

中西方文化中都十分重视言语的作用，但是西方语言学更重视平等的人之间的相互言语作用。语言是劝导说服的工具。亚里士多德认为修辞学是人人应该掌握的学问。霍布斯说：雄辩就是力量。古希腊雅典城著名的演说家安提丰曾因生计窘迫，贴出布告说他能用语言治病，相当于现在的心理医生。安提丰与人谈话收钱，遭到当时雅典另一位大哲学家苏格拉底的诘难，因为苏格拉底每天在广场上与人交谈、讨论问题、启蒙青年、影响社会，相当于今天的免费教育，但从不涉及钱或费用问题。据史载，苏格拉底的生活费都是他妻子打工挣来的。不过安提丰回答他说："你不向与你交往的人收取费用，你是正义的。但是，每一件衣服或每一件房间都是值钱的，不能白送。如果你的谈话有价值，就可以要求别人付以适当的费用。"在这个故事里，两位古希腊智者都在口头传播智能。他们的思考和作为都强调语言本身是有影响力的，是可以产生经济和社会效益的。他们之间用语言进行激辩，也是在用语言进行思想的生产和传播、感情的交流与沟通。为了能够证明自己和说服对方，他们的争辩本身也会促进语言的发展和更新。

"说话吧，让我们能认识你的本质！"这句西方古谚语说明在西方个人主义文化背景下，人们喜欢表达自我、好争论、直言不讳。所以，中国人看西方人的言语方式若发生误解，就可能视他们是"夸夸其谈"的。

如果说西方人认为能言善辩本身就表明人对事物的清楚认识和掌握，那么中国人更多地将语言视为一种人际交流工具。中国更重视"名正言顺""圣言不可逆"和普通人"言多必失"，中国人以"不争"为美德。因为中国式集体主义文化是他人取向，与人交际时讲究"察言观色"，对语境和环境的特殊性和"提示"高度敏感，重视对说话者和听话者的心理及完整意图进行不断的暗中解读。所以一般人说话都喜用客气话修饰真实意图，有点"模棱两可"，但又希望对方一定能感到、猜到或领悟自己的真正想法，然后双方都不伤和气、都有面子，都体现出礼貌和善解人意。

如果有人不按这样的习俗做，则可能成为"话不投机"的陌路人，反之，就是心意相通、心照不宣的密友。所以，西方人看中国人的言语方式若发生误解的话，就可能觉得"中国式解读"常常是传播学所谓"信息译码被扩大"，是对他人意见的过度解读，甚至觉得中国人缺乏明确表达意图的能力。

正是由于西方拥有这种能言善辩的传统，所以今天中国与西方的外交谈判桌上，西方总是先挑起话题、设定议题的一方，中国总是被动应战、不断解释的一方。中方总是释放善意、表示友好的一方，西方总是显得傲慢、斤斤计较的一方。因为中方的善意都是一些比较抽象的概念和意愿，西方的回应总是在善意上很简单，随后则要针对一些很确切的问题强调一下尚未实现的目标，于是中方希望的友好氛围就总是"有去无回"。

在双方的唇枪舌剑之中，西方发言者们往往能娴熟地运用修饰技巧，用清楚的概念进行激烈的问题争论和有说服力的问题分析，而中方的反应仍是先寡言少语、察言观色；待对相关形式有充分把握之后再顺应潮流、以不变应万变的传统方式一并回应。不过，随着英语成为中国众多年轻人的第二语言，中国人用语言争论和说服人的才华也会与日俱增。同时，随着中国国际地位的提升，中国式谨慎言论的习惯也会得到越来越多的认识和尊重。

2. 中外文化价值取向差异

中文的俗语、谚语、谜语及诗词中有许多典型的中华文化价值取向，如"和为贵""家和万事兴"。汉语也反映了中国人的价值观，如吃苦耐劳、义薄云天、乐天知命、虚怀若谷等；还有许多词强调祖先崇拜和家族伦理本位，如落叶归根、子孙满堂、兄友弟恭等。

汉语语言中有丰富的家庭内部层级关系与亲族系统，如君臣父子、夫唱妇随、百善孝为先。华人等级观念对辈分、长幼有严格的宗法规定，形成了相应严格的称呼。汉语还十分注重区别内亲外戚：堂兄表妹、姑丈舅母……内外有别：娶—嫁、内人—外子……

在英美等西方国家，人们强调核心家庭，重视个体，强调男女平等，人人平等。小孩子可以称父母的朋友为先生、夫人或直呼其名，对父母、兄长也是名字相称。这样可以表现他们之间亲密无间、关系融洽，而在中国却被视为是粗俗无礼的表现。

3. 中西方思维模式差异

中国人强调天人合一、直观体悟、"知情谊"贯通，西方人则重视主客二分、逻辑推断、理性之上。

中国人强调用心：用心学习、心想事成、心领神会、刻骨铭心、打动人心、心心相印，强调的是更深沉、执著、更富有情感的认识与体验，形成的是直观体悟的思维。中国人强调的"心智"不同于西方的"理性"。中医的"心"不是西医中的"心脏"，而是主宰包括大脑在内的整个人体（五脏六腑+精神）的功能器官。

西方人强调用脑：按部就班、条分缕析的理性过程。对主与客、情与理、欲与情等皆进行明确区分和辨析。公元前 500 年左右，古希腊医学家通过解剖发现大脑是感觉和理智活动的中央器官。德谟克利特认为，人的灵魂分为思想、意气和欲望，分别位于脑、心脏和肝脏。柏拉图认为，感性之欲望在胃，愤怒和情欲在心，最高贵的理性在头脑。

七、提高跨文化交际能力的措施

1. 跨文化交流的意义

交流能力的培养目标并非试图改变人们的基本个性和特点，其目的在于学习培养社交技能和处事技巧等能力，增加认知能力，即意识到文化的多样性；强调情感能力，即交际和适应性；改变行为方式，实现与来自不同文化背景的人进行有效交流。

2. 了解自己，了解异国文化，了解文化差异

要提高跨文化交际能力，首先要了解自己的文化特性。每个人都是从自身文化的角度来看待世界的，都是其文化背景的产物。在自身文化背景的影响和熏陶下，对待性别、种族、家庭、年纪、宗教、职业等方面的观点都有自身文化的烙印。因此，我们应该客

观地思考本民族的文化特性，了解本国文化中的核心价值、性别角色、思维模式、世界观、社会结构、语言使用等构成要素，客观地看待本国文化的各个要素在个人发展中起到的正负面作用。

此外，要了解西方文化的特征。了解西方文化背景下所形成的核心价值观、思维模式、世界观、社会结构、政治制度等要素，以及其个体发展的特点。了解文化差异，承认文化差异，客观看待文化差异才是可取之道。

3. 运用移情，增加交流的灵活性

移情是跨文化交际的基础所在。移情是一种能力，通过移情能理解并认同对方的感知、处境和情感，通过移情我们可以从对方的观点出发来看待世界，将自己置身于对方的文化世界中，通过语言交流和非语言交流了解对方的情绪和经验感知。在跨文化交际中运用移情是解决文化冲突，增进理解和了解的重要手段。除此之外，还应增强跨文化交流中的灵活性。交流的客体不是固定唯一的，各文化及个体都具有特殊性，为了实现有效的交流，在交流过程中要根据对方的特点调整交流的策略、方式和行为。增加灵活性关键在于以下两点：第一，对一个陌生人或者一个新环境没有观察得出足够的信息时不能妄作决断；第二，在收集信息的过程中尝试验证和失败都比套用固有交流模式有效。

4. 承认差异合理性

正如刘易斯所说："移情是以承认差异为前提。"了解不同文化间的差异性能使我们更准确地理解话语和行为背后的含义。对于不同的文化，我们应该相互尊重，承认差异存在的合理性，容忍并接受不同的意见，善于同各种不同文化背景的人合作，只能这样才能实现真正意义上的双向跨文化交流。

5. 提高文化适应能力

多学习西方文化，了解西方思维方式、语言文化、宗教文化、社会规范体系，广泛阅读西方文学作品、报纸杂志等材料。通过电影、电视、网络等多种渠道、多种方式拓宽我们审视西方文化的视野，增加文化素养，提高非语言交际能力等有助于提高我们对不同文化的适应能力。

模块二 入境手续

第三章　学习情境——德国

中国某集团公司职员张军接受公司委派，前往德国工作两个月。在出国前，张军需办理好出境必备通行证件。张军办理好赴德证件后，则购买机票，前往机场搭乘赴德航班。张军需了解在国内机场登机时和到达德国机场下机时需经过的环节以及注意事项。

【任务引入】

作为公司骨干技术人员，张军将前往德国工作和学习两个月。张军初次出国进修，对于需要办理的出境手续还有许多不明白的地方，为了能办好相关证件，他积极地学习和了解相关的信息。而且，他还要知道一些搭乘航班的流程以及乘机离境和入关手续。

【任务分析】

出境手续的办理要求较高，如果没有一定的了解，很容易出现错漏，进而影响到出国。因此，张军很有必要在办理手续前，做好相关知识的准备。机场安检严格，张军要了解出境物品安检要求和德国入关相关知识。

【任务】

（1）了解出境所应准备的证件及相关流程和手续。
（2）了解德国的基本人文地理知识。
（3）了解德国生活、文化礼仪。
（4）了解赴德申请商务签证的办理手续。
（5）了解乘坐飞机的流程及注意事项。

第一节　常见出入境证件办理

一、护照

普通护照申办程序和申请材料如下：

（一）申办程序

办理因私护照，申请人须向户口所在地公安机关出入境管理部门提交申请。定居国外的中国公民短期回国的，由暂住地公安机关负责办理护照换补发手续；军人、武警由驻地公安机关办理。申请人凭领证回执到出入境管理办证大厅领取，或在申请同时办理邮政快递；委托他人领取的，须提交领证回执、委托书和被委托人身份证明原件。

（二）申请材料

提交填写完整并贴有申请人相片的《中国公民因私出国申请表》，另提交同规格相片两张；交验申请人的身份证、户口簿原件、提交复印件，未满16周岁的需提交户口簿及监护人身份证（或户口簿、护照），军人只需提交身份证件，定居国外的中国公民需提交定居国外的证明和暂住证明。

登记备案的国家工作人员、驻地在外的军人、武警，须按组织人事管理权限由单位出具意见；护照即将到期要换发的，须在护照有效期满前15天以上6个月内提出申请，并提交护照原件和复印件，前往国家在颁发签证时要求护照有效期超过6个月或其他特殊情况需要换发前，须提供相应证明。

护照签证页用完或被损坏、涂改的，须到公安机关申请予以换、补发，提交护照原件和复印件；护照遗失或者被盗申请补发的，提交报失证明或者被盗情况说明；申请办理劳务人员护照时，应提交经营公司对外经济（劳务）护照经营资格证书复印件、经营公司出具的对外劳务合作项目说明及外派劳务人员名单。

另外，对出国治病或探望危重病人，出国奔丧、出国留学、开学时间临近，前往国入境许可或签证有效期即将届满等特殊情况需紧急办理护照的，须提供相关证明材料，公安机关予以加急办理；需要提醒的是，外省（市）户口签入我市不满10年或原护照不在我省签发的，须发函至户口原籍地或签发机关核查。

因公护照办理材料和需知如下：

1. 申办因公护照需提供下列基本材料

（1）符合规定的出国任务批件或任务通知书及确认件（原件一套，复印件两套）。

（2）符合规定的出国人员政审批件或政审备案表（原件一套，复印件一套）。

（3）已填妥的《申请出国签证事项表》（三份）和《申请因公护照事项表》（一份）（均需计算机打印的）。

（4）已填妥的《因公电子护照申请表》（一份）（需计算机打印的）并附清晰的身份证复印件。

（5）照片两张，自行贴在申请卡上。

（6）因公出国团组信息表。

（7）护照照片标准：

①尺寸大小：小二寸彩色近照（48×33毫米）。头部宽度为21×24毫米，头部长度为28×33毫米。

②照片背景：背景应无任何装饰，颜色以白色为佳，请勿用红色、褐色、黑色等深色。照片不能有任何污点。

③其他要求：照片必须显示头部的正面，并且不能戴帽饰。请勿用订书钉或回形针夹照片，以免照片受损。

④请勿递交身着白色衣服的照片，眼镜片有反光点的照片也不能使用。照片要求清晰，翻拍照片不能使用。

2. 护照签名须知

（1）必须由持照人本人在护照指定的签名处签名，不得由其他人代替签名。

（2）必须使用汉字（或本民族文字）签名，不能使用汉语拼音、英文或其他外文签名。

（3）签名时必须使用墨水笔或毛笔，不能使用圆珠笔或铅笔。

（4）护照上的签名样式必须与大使馆的签证申请表上的签名样式一致。

3. 申办因公护照由派遣单位专办员统一办理

专办员因故不能亲自办理，须负责审核材料，出具书面委托，方可由他人来办理。

二、往来港澳通行证和其他签注

1. 申请人

主要针对具有本市户籍的居民因治病、奔丧、诉讼、应试、处理产业、学术交流等特殊事由申请赴香港或者澳门；在澳门就学、就业的本市居民申请赴香港，由市公安局人口与出入境管理支队管理。

2. 申请材料

提交填写完整并贴有申请人相片的《内地居民往来港澳地区申请表》，首次申领者须另交相同规格相片两张；交验申请人本市居民身份证、户口簿原件，提交复印件，申请人未满16周岁需提交户口簿及监护人身份证，军人只需提交身份证件。

因治病、诉讼、学术交流等特殊事由申请赴香港或者澳门的，须交验与申请事由相应的证明材料原件，并提交复印件；在澳门就学、就业的内地居民申请赴香港，须交验往来港澳通行证及逗留签注原件，并提交复印件。在澳门就业的人员，还须提交在澳门就业单位的赴香港证明。

持有效往来港澳通行证的，须提交往来港澳通行证和复印件；登记备案的国家工作人员、驻地在本市的军人、武警（含离退休人员）须按组织人事管理权限由单位出具意见。

三、大陆居民往来台湾通行证

1. 申请人

主要针对有本市户籍的居民，由市公安局人口与出入境管理支队具体负责办理。

2. 申办程序

申请人向户口所在地公安机关出入境管理机构提出申请，凭领证回执到出入境管理办证大厅领取或在申请同时办理邮政快递。委托他人领取的，须提交领证回执、委托书和被委托人身份证明原件。赴台旅游的证件由省公安厅制证完毕后寄往组团社，申请人到组团社领取证件。

第二节 德国概况

一、位置

德国全称德意志联邦共和国（The Federal Republic of Germany），位于欧洲中部，东临波兰和捷克，南邻奥地利和瑞士，西南邻法国，西邻荷兰、比利时和卢森堡，北部濒临北海和波罗的海，并与丹麦相邻，是欧洲邻国最多的国家。德国陆地边界全长 3 757 千米，海岸线长 2 389 千米。

德国是东西欧之间和斯堪的纳维亚半岛与地中海之间的交通枢纽，被称为"欧洲走廊"。德国与北京的时差是 7 小时，比北京时间晚 7 小时。

二、面积与人口

德国国土总面积 35.71 万平方千米，人口约 8 174.2 万（截至 2010 年），是欧洲第二人口大国（仅次于俄罗斯），也是欧盟人口最多的国家。德国的人口主要是德意志人（日耳曼人），占人口总数的 90% 以上。此外，还有少数丹麦人、索布族人、弗里斯兰人和吉卜赛人。另外还有 719.9 万外籍人，占人口总数的 8.8%。

三、语言

德国的通用语为德语。德语属印欧语系日耳曼语族，采用拉丁字母书写。

表 3-1　26 个字母书写及名称

印刷体		字母名称	印刷体		字母名称
大写	小写		大写	小写	
A	a	[a:]	N	n	[ɛn]
B	b	[be:]	O	o	[o:]
C	c	[tse:]	P	p	[pe:]
D	d	[de:]	Q	q	[ku:]
E	e	[e:]	R	r	[ɛr]
F	f	[ɛf]	S	s	[ɛs]
G	g	[ge:]	T	t	[te:]
H	h	[ha:]	U	u	[u:]
I	i	[I:]	V	v	[fao]
J	j	[jt]	W	w	[ve:]
K	k	[ka:]	X	x	[iks]
L	l	[ɛl]	Y	y	[ypsiln]
M	m	[ɛn]	Z	z	[tsɛt]

四、宗教

德国约有 5 300 万人信奉基督教，其中约有 2 600 万人信奉罗马天主教，2 600 万人信奉基督教新教，90 万信奉东正教。此外，还有一部分德国人信奉伊斯兰教、犹太教和佛教。

五、自然环境

德国地势南高北低，整个地势由南端的阿尔卑斯山向北倾斜。北部是冰碛平原，平均海拔不到 100 米；中部为东西走向的山地；西南部为莱茵断裂谷地区；南部是巴伐利亚高原和阿尔卑斯山区。位于阿尔卑斯山区的楚格峰海拔 2 963 米，为全国最高峰。

德国的主要河流有莱茵河（德国境内长 865 千米）、易北河、威悉河、奥得河、多瑙河等；主要湖泊有博登湖、阿默湖等。

德国气候凉爽，空气湿润。西北部为温带海洋性气候，往东、南部逐渐向温带大陆性气候过渡；平均气温 1 月为-5℃~1℃，7 月为 14℃~19℃；年平均降水量为 500~1000 毫米。

六、国旗、国歌、国花、国鸟

1. 国旗

德国国旗呈长与宽之比为 5∶3 的横长方形，自上而下由黑、红、黄 3 个平行相等的横长方形相连而成。

2. 国歌

德国的国歌为《德意志之歌》（德语：Das Deutschlandlied），曲谱由著名古典音乐家海顿作于 1797 年，后被定为奥匈帝国国歌的《帝皇颂》（即《上帝保佑吾皇弗朗茨》）。德国版歌词为自由主义诗人奥古斯特·海因利希·霍夫曼·冯·法勒斯雷本教授（Prof. August H. H. von Fallersleben，1798—1874）作于 1841 年 8 月 26 日晚。1922 年，全部歌词曲被魏玛共和国第一任总统弗里德里希·艾伯特首次定为德国国歌。

3. 国花

德国的国花为矢车菊。矢车菊是庞大的菊科家庭中的一员，欧洲是矢车菊的故乡。地处中欧的德国，在山坡、田野、房前屋后、路边和水畔都有矢车菊的踪迹。夏季是矢车菊开花的季节，不大不小的头状花序生长在纤细茎杆的顶端，宛若一个个娟秀的少

女，向着"生命之光"——太阳祈祷幸福、欢乐。淡紫色、淡红色及白色的素雅花朵，散发出阵阵清幽的香气，表现出少女般的贤淑品质，博得德国人民的赞美，被誉为德国的国花。

4. 国鸟

德国国鸟是白鹳。自古以来，白鹳在欧洲就被认为是"带来幸福的鸟"，是吉祥的象征，是上帝派来的"天使"，是专门来拜访交好运的人的。白鹳被选为国鸟后，不少德国家庭特地在烟囱上筑造了平台，供它们造巢用。

七、行政区划

德国的行政区划为联邦、州、市镇三级。德国共有16个州（包括柏林、汉堡和不来梅3个市州）。各州均有自行制定的州宪法，并负责联邦法律的执行。

八、首都

首都柏林位于德国东北部，是德国最大的城市，也是全国的政治、经济、文化和交通中心，人口346.1万（截至2010年）。柏林始建于1237年，1871年德国统一后被定为首都。柏林的建筑多姿多彩，古老建筑和现代建筑交相辉映。柏林也是一座多河流、湖泊的花园城市。此外，柏林每年都要举办各种艺术节、博览会和影展等。

第三节 生活、文化礼仪

一、德国民族服饰

德国人的传统服饰中，男子普遍喜欢穿靴子、红裤、红衬衫套绣花坎肩，戴黑帽子。东南部地区的妇女喜欢戴白帽，穿宽大的裙子。西南部地区的妇女喜欢穿红黄短褂和红绿色百褶裙，穿长靴。在巴伐利亚地区，男子爱戴一种有羽毛的小毡帽。

现代德国人服饰的特征主要是穿戴整齐。看戏、听歌剧，或出席正式场合时，女士通常穿长裙，男士穿礼服或深色的服装。

二、礼仪、禁忌

1. 日常社交礼仪

在德国，人们见面和分别时，一般伸出右手互相短暂握一下。如果只是路遇，可只打招呼致意一下，不必停下来握手。朋友之间见面，有时也会先在左脸然后在右脸上吻一下，但吻手的习惯在日常生活中已几乎见不到。在重要场合，如接见贵客或大型晚会上，只是主办者和部分来宾握手。另外，作为妇女在人们向她打招呼时不一定非要站起来，但站起来更有礼貌；而男士在某位女士向他打招呼时一定要站起来。

成年人之间一般要以"您"相称，并称对方"某某先生"或"某某女士"（"Sie""Herr""Frau"）。德国与美国不一样，同事或邻居之间也常常以"您"相称，以保持一定的距离。假如对方有教授或博士头衔，在称呼他们时一定要将其头衔加在姓之前，如"Herr Professor X"或"Frau Doktor Y"等。只是在亲朋好友之间才以"你"相称，同学之间可以从一开始就以"你"相称。

在德国的交际礼仪中，有几条专门为男士规定的与女性交往的注意事项。基本原则是尊重女性，这首先表现在一系列"女士优先"的礼仪习惯上，比如：

男士有义务帮女士穿、脱外衣；为女士开门并拉住门，请女士先行；下车时，男士也应主动为同行的女士开车门、并搀扶其下车；下楼梯时则由男士走在女士前边，起保护作用；在宴席餐桌旁，男士不仅应帮助女士移动座椅，而且在女士就座前，不能先坐下；在公共场所见到女士提重物，男士应欣然相助；初次见面，通常也是由女士首先自报姓名、主动握手，改变称谓（由尊称过渡到友称），一般应由女士持主动权。

德国人时间观念比较强，无论是商务还是私人交往，德国人都很准时；约会应事先安排；去德国人家中做客，一般要带礼物，如鲜花、酒、书等；在接受款待之后，应在几天内送去表示感谢的短束。

2. 民间禁忌习俗

德国人在所有花卉之中，对矢车菊最为推崇，并且选定其为国花。在德国，不宜随意以玫瑰或蔷薇送人，前者表示求爱，后者则专用于悼亡。

对于"13"与"星期五"，德国人极度厌恶。他们对于四个人交叉握手，或在交际场合进行交叉谈话，也比较反感。因为这两种作法，都被他们看作是不礼貌的。

在德国，星期天商店一律停业休息。在这一天逛街自然难有收获。

向德国人赠送礼品时，不宜选择刀、剑、剪、餐刀和餐叉。以褐色、白色、黑色的包装纸和彩带包装、捆扎礼品，也是不允许的。

与德国人交谈时，不宜涉及纳粹、宗教与党派之争。在公共场合窃窃私语，德国人认为是十分无礼的。忌讳过分赞美，德国人不太喜欢听恭维话，认为这是对人的侮辱；忌讳谈论他人隐私；别人买的东西，即使喜欢也不要问及价格。

按德国的习俗,生日不得提前祝贺。

德国人认为路遇烟囱清洁工预示着会交好运;遇到有人生病,除知道原因的常见病外,不问及病情及病因,否则会有窥视别人秘密之嫌。

第四节 申请赴德商务签证

1. 商务签证或短期职业培训签证申请材料

(1)护照原件(申请签证时,护照有效期不少于6个月,并附上护照照片页的复印件2份)。

(2)机票预订单(需为确认的往返机票。机票应该在签证颁发后出票付款)。

(3)申请人偿付能力证明,最近3~6个月的银行对账单,无需存款证明。

如果旅行及生活费用由公司支付,需提供申请人(或雇主)公司偿付能力的证明;如果旅行及生活费用由本人支付,需提供本人偿付能力的证明。

在职人员的相关情况证明:

由任职公司盖章的营业执照复印件。

由雇主出具的证明信(英文件,或者中文件附上英文翻译),需使用公司正式的信头纸并加盖公章、签字,并明确日期及如下信息:

- 任职公司的地址、电话和传真号码;
- 签字人员的姓名和职务;
- 申请人姓名、职务、收入和工作年限;
- 准假证明。

(4)住宿证明(涵盖在申请国家停留的全部期间)。

(5)公司的营业执照和雇主证明信原件。盖章的公司营业执照复印件。需使用公司正式的信头纸并加盖公章,签字,并须包含如下信息:

- 任职公司的详细地址和联系人;
- 签字人员的姓名和职务;
- 申请人姓名、职务、收入和工作年限;
- 访问目的。
- 公司为申请人保留职务的证明;
- 支付旅行和生活费用的单位或个人。

(6)活动或培训主办方的邀请函原件需使用公司正式的信头纸并加盖公章,签字,并须包含如下信息:

- 任职公司的详细地址和联系人;
- 签字人员的姓名和职务;
- 访问的目的和持续时间;
- 详细日程;

- 支付旅行和生活费用的单位或个人；
- 主办方是否为确保申请人按规定返回中国提供保证金；
- 如果适用，提供商会注册证明。

（7）工作许可。

以下情况需要工作许可：

- 在职工作培训；
- 在申请成员国境内为任职公司工作。

2. 签证申请须知

德国是申请国家之一。持申请签证在申请国家最长逗留期为 90 天。若签证上有效期更短，则以签证上有效期为准。

申请签证在比利时、丹麦、爱沙尼亚、芬兰、法国、希腊、荷兰、冰岛、意大利、拉脱维亚、列支敦士登、立陶宛、卢森堡、马耳他、奥地利、波兰、葡萄牙、挪威、瑞典、瑞士、斯洛伐克、斯洛文尼亚、西班牙、捷克和匈牙利同样有效。

（1）签证预约。

如果您要申请一个国家签证，或向驻外使领馆递交申请签证申请，必须事先与驻外使领馆约定受理时间。

长期签证申请者（需要在德国逗留三个月以上或就业的外国人），可直接在使馆申请。申请人可以在使馆签证处预约。使馆将给出可安排的最早的面签时间。申请人也可在线预约，在线预约地址：*https://service2.diplo.de/rktermin/extern/choose_realmList.do?request_locale=de&locationCode=peki*

若预约了错误的签证类型（例如，您去德国探访他人或商务旅行，却预约了长期签证），将会在窗口被退回。

（2）从 2013 年 2 月开始，德国各驻外使领馆的电子签证系统将陆续转换。系统转换后申请德国签证者必须接受指纹采集。

（3）注意：请不要将手机，箱子，大袋子带入德国签证及领事处！

图 3-1 赴德申请签证样图

第五节　乘坐飞机的流程及注意事项

一、乘飞机流程

提前120分钟到达机场→办理登机牌和行李托运→安检→候机→登机→寻找自己的座位→系好安全带→关闭手机等电源→起飞。

二、注意事项

（1）旅客购买好或拿到预定的机票，请注意查看航次、班机号、日期是否正确，如有问题应立即去售票处解决。

（2）最好提前一些时间到达机场，以便有足够时间办理乘坐飞机前的各种手续，如检查证件、安全检查等，免得时间仓促造成误机。

（3）乘飞机时尽量轻装，手提物品尽量要少，能托运的物品，随机或分离托运。一般航空公司规定手提物品不得超过5公斤，体积不超过20×40×55厘米，（三边之和不超过115厘米），还可携带雨伞、大衣、手杖、相机、途中看的书报等。随机托运行李一般头等舱30公斤、二等舱20公斤以内免费，超过部分付超重费。

（4）登机前，机票应交航空公司检验。随机托运的行李要称重，航空公司撕下由其乘运段的一联后，将机票与行李卡、登记卡一并交还乘客。乘客凭登记卡上机，凭行李卡到目的地机场领取行李。

（5）上下飞机时要向站在机舱口的空姐简单打招呼或点头致意。

（6）机内分一等舱和二等舱（经济舱）。喷气客机一等舱在飞机的前部。螺旋桨客机一等舱一般在后舱（因噪音小）。无论是否对号入座都不要抢位置，购二等舱票者，不能坐到一等舱。

（7）随身物品可放在头顶上方的行李架上。有的物品也可以放在座位下面，但注意不要把物品堆放在安全门前或出入通道上。

（8）在飞机上如感闷热可打开风阀，也可解开外衣或将外衣脱掉。但不要脱衬衣穿背心。

（9）座位顶上和上方有聚光灯和招呼空姐的按钮，有事可按此钮呼叫空姐。

（10）飞机上不能吸烟，起飞和降落时不得去厕所，要系好安全带，座椅要放直。

（11）晕机者可在起飞前半小时服用"乘晕宁"，一般座椅背兜中备有清洁袋。呕吐时，吐在袋内。

（12）长途飞机，飞机上备有酒水、茶点、食品、早餐、正餐等，免费供应。有的二等舱供应的酒水，要支付现金。

（13）飞机上备有各种文字的报刊、杂志，供旅客阅读，但不能带走。

三、乘坐飞机携带物品注意事项

（1）飞机禁带物品：枪支（含各种仿真玩具枪、枪型打火机和其他各种类型的带有攻击型的武器）弹药、军械、警械、管制刀具、爆炸物品、易燃易爆物品、剧毒物品、放射性物品、腐蚀性物品、危险溶液及国家规定的其他禁运物品。

（2）乘机出行免不了带点香水、发胶、打火机之类的生活用品，这类物品因含有易燃物质实行限量携带。发胶、衣领净、摩丝、发亮剂、杀虫剂、空气清新剂分别限带1瓶（350毫升），香水限带500毫升，这几种限带的生活用品累计不得超过1000毫升或1公斤。包装完好的白酒限带2公斤，气体打火机5个，安全火柴5小盒。

（3）持公务舱或经济舱票的旅客每人只能随身携带一件物品，每件随身携带物品重量不得超过5公斤，体积在20×40×55厘米以内。

四、抵达德国机场

法兰克福机场是欧洲第二大机场，来德国或去欧洲其他国家，往往是到法兰克福机场。整个法兰克福机场分为一号和二号两个航站楼。

1. 抵达候机楼

法兰克福机场有两个候机楼。德国汉莎航空公司和其他属于星空联盟的航空公司以及中国国家航空公司的航班都降落在一号候机楼区域。中国东方航空、国航和国泰航空公司在二号候机楼。

2. 检查护照

在抵达法兰克福机场后，跟随蓝色的指示牌，即可到达护照检查处。非欧共体国家的旅客请在写有 Non-EU Nationals 字样柜台前排队等候通关。请将护照拿在手上准备好。通关护照检查后，请跟随蓝色指示牌前往行李提取大厅。

3. 提取行李

到了行李提取大厅后，可从大厅中的指示牌上根据自己的航班号获悉应在哪条传送带上提取行李。旅客可免费使用行李车，行李问讯处也设在大厅。

4. 海关检查

领取行李后，旅客将通过海关检查，然后离港。如果旅客携带的东西超过了规定的许可范围或不清楚是否超过，请走红色通道，并向海关人员申报；无须申报的旅客请走绿色通道。

无须申报的是私人使用的物品或从旅途中带回来的礼物（价值不能超过175欧元）。
免关税物品的数量：

（1）香烟（带入境者已满17岁）：

200支香烟（即一条烟）或100支小雪茄烟或50支雪茄烟或250克烟丝，或者上述商品在规定范围内的混合。

（2）酒类和含酒精饮料（带入境者已满17岁）：

一升酒精含量超过22%的酒或酒精含量超过80%的非食用性变形酒精，或两升含酒精饮料，如水果味开胃酒、米酒等类似饮料（含酒精成分22%或低于22%）。或两升汽酒、甜酒或上述酒类在规定范围里的混合，或两升葡萄酒。

（3）咖啡（带入境者已满 17 岁）：

500 克咖啡或 200 克咖啡提取物、精华或浓缩品，或上述含量咖啡制成的食品。

（4）香精和香水：

50 克香精（Eau de Parfum）或 0.25 升香水（Eau de Toilette）。

（5）药品：可携带个人在逗留过程中所需要的药物。

五、相关英语表达

（1）护照号码：　　　　　　　　Passport Number
（2）签发护照地点：　　　　　　Place of Issuance
　　　城市：　　　　　　　　　　City
　　　国家：　　　　　　　　　　Country
　　　州/省份：　　　　　　　　State/Province
（3）签发您护照的国家：　　　　Issuing Country
（4）签照日期（日/月/年）：　　Issuance Date（dd-mm-yy）
（5）失效日期（日/月/年）：　　Expiration Date（dd-mm-yy）
（6）姓（如护照所显示）：　　　Surnames（As in Passport）
（7）名（如护照所显示）：　　　First and Middle Names（As in Passport）
（8）其他姓氏（未婚时称呼/宗教称呼/工作用称呼/化名）（没有请留空）：
　　　Other Surnames Used（Maiden, Religious, Professional, Aliases）
（9）其他名字（没有请留空）：　Other First and Middle Names Used
（10）出生日期（日/月/年）：　　Date of Birth（dd-mm-yy）
（11）出生地：　　　　　　　　　Place of Birth
　　　州/省份：　　　　　　　　State/Province
　　　城市：　　　　　　　　　　City
　　　国家：　　　　　　　　　　Country
（12）现国籍：　　　　　　　　　Nationality
（13）性别：　　　　　　　　　　Sex
　　　男：　　　　　　　　　　　Male
　　　女：　　　　　　　　　　　Female
（14）身份证号码：　　　　　　　National Identification Number
（15）住址（国家 邮编区号 州/省 城市 街道 单元号码）：
　　　Home Address（Include apartment number, street, city, state or province, postal zone and country）
（16）住宅电话：　　　　　　　　Home Telephone Number
　　　工作电话：　　　　　　　　Business Phone Number
　　　移动电话：　　　　　　　　Mobile/Cell Number

    传真：   Fax Number
    工作传真号码：   Business Fax Number
    传呼机号码（BP 机）： Pager Number

（17）婚姻状况：   Marital Status

（18）配偶姓名（离婚或分居，包括婚前姓氏）（没有请留空）
    Spouse's Full Name（Even if divorced or separated. Include maiden name.）

（19）配偶出生日期（日/月/年）（没有请留空）：Spouse's DOB（dd-mm-yy）

第四章　学习情境——新加坡

某集团公司职员吴华及同事被派往新加坡，前去合作公司进行短期培训。吴华在出国前，需办理新加坡商务签证，了解办理所需材料及流程，并完成证件的办理。

【任务引入】

吴华和同事将被公司送到新加坡去学习，他们有机会去先进国家，接触先进的行业信息，学习前沿知识，大家都非常高兴。去新加坡短期培训需要办理商务签证，又要如何办理呢？需要准备些什么文件材料呢？

【任务分析】

新加坡是全球最为富裕的国家之一，属于新兴的发达国家，并以稳定的政局、廉洁高效的政府而著称。因为新加坡非常注重环境保护，并惩罚力度很大，所以在城市保洁方面成效显著，故有"花园城市"之美称。吴华不但要了解新加坡签证的办理程序，还要知道当地的文化礼仪以及法律法规，以免不小心违反了新加坡的法律。

【任务】

（1）了解新加坡签证办理手续。
（2）了解新加坡的基本人文地理知识和日常需要注意的细节。
（3）中国公民办理新加坡商务签证所需材料。

第一节　新加坡概况

一、位置

新加坡全称新加坡共和国（The Republic of Singapore），位于马来半岛南端、马六甲海峡出入口，是一个一面临海、三面海峡环抱的岛屿国家，地理位置十分重要，被称为"世界的十字路口"之一。其东面是南海，西面是马六甲海峡，北隔仅 1.2 千米宽的柔佛海峡与马来西亚相望，南隔新加坡海峡与印度尼西亚相望。整个国家都在赤道附近，是一个热带城市国家。

新加坡所在的时区与北京一样。

二、面积与人口

新加坡国土面积为 712.4 平方千米，由新加坡岛及附近 63 个小岛组成，其中新加坡岛占全国面积的 88.5%。新加坡有常住人口 507.6 万（截至 2010 年），其中有新加坡公民和永久居民 377.1 万。华人占 75%左右，其余为马来人、印度人和其他种族。

三、语言

新加坡以马来语为国语。英语、华语（汉语普通话、福建话为主）、马来语、泰米尔语为官方语言，英语为行政用语。大多数新加坡人都会使用英语和华语。

四、宗教

新加坡是一个多宗教的国家。主要宗教为佛教、道教、伊斯兰教、基督教和印度教。华人大多信仰佛教或道教，马来人基本信仰伊斯兰教，印度人信仰印度教，巴基斯坦人也大都信仰伊斯兰教，西方人一般信仰基督教。

五、自然环境

新加坡地势地平，平均海拔 15 米，境内最高的武吉知马山海拔仅 177 米。海岸线长 193 千米。新加坡岛的南部和东部分布着众多岛屿，较大的岛屿有德光岛、乌敏岛、圣淘沙岛等。

新加坡离赤道仅 137 米，属热带海洋性气候，高温多雨。年平均气温 24℃~27℃，年平均降水量 2 345 毫米。受海洋调节，这里的气候并不炎热，一年四季皆适宜旅游，5 月和 9 月是最佳旅游时间。

六、国旗、国歌、国花、国鸟

1. 国旗

新加坡国旗由红、白两个平行相等的长方形组成,左上角有一弯白色新月以及五颗白色小五角星。红色代表了平等与友谊,白色象征着纯洁与美德。新月表示新加坡是一个新建立的国家,而五颗五角星代表了国家的五大理想:民主、和平、进步、公正、平等。新月和五星的组合紧密而有序,象征着新加坡人民的团结和互助精神。

2. 国歌

新加坡国歌是《前进吧,新加坡》(*Come on, Singapore*)。

3. 国花

1981年4月16日,在年轻的新加坡共和国建国16周年前夕,新加坡文化部宣布新加坡的国花是名叫"卓锦·万代兰",有卓越锦绣、万代不朽之意,它有很强的生命力,能够世世代代永远相传下去之意。"卓锦·万代兰"是胡姬花的一种,胡姬花是一种十分珍贵的兰花品种,在东南亚,人们称之为胡姬花。"卓锦·万代兰"是由一位侨居新加坡的,名叫爱尼丝·卓锦的西班牙人,于1890年在自己的花园里培植而成的。1893年,新加坡植物园为了纪念她,把这种花命名为 Vandal Miss Joaguim,意为卓锦女士之兰花。Vanda 是印度古文梵文,意为兰花。

4. 国鸟

黄腰太阳鸟是一种非常抢眼的小型鸟,拥有黄色的尾部、深红色的胸部、栗色的后背和橄榄色的腹部。这种可爱的小鸟是新加坡的国鸟,它类似于蜂鸟,只有4英寸长。

七、首都

首都新加坡市（Singapore City）位于新加坡岛南部，南临新加坡海峡。全市面积占岛屿面积的1/3，但人们通常并不把新加坡岛与新加坡市严格区分开来。

新加坡市不仅是世界著名的港口，还以美丽、清洁、繁荣著称，被称为"花园城市"、东南亚的"卫生模范"。此外，新加坡还以治安良好享誉全球。

八、货币

新加坡货币名称为新加坡元（Singapore Dollar）。1元等于100分。纸币面值有1元、5元、10元、50元、100元、1000元、10000元，硬币有5分、10分、20分、50分、1元。

第二节　生活、文化礼仪

一、服饰和饮食

1. 服饰

新加坡人爱穿绸料衣物。华人妇女多爱穿旗袍。

马来男子头戴一种叫"宋谷"的无边帽，上穿无领、宽大的上衣，下穿长及足踝的纱笼。新加坡的气候受海洋和纬度的影响，气温高，湿度大，因此夏季穿轻质料子的服装最为适宜。政府部门对其职员的穿着要求严格，在工作时间不准穿奇装异服。工作时人们普遍穿便服，下班后可穿T恤衫和细斜纹布裤，仅在正式的宴会上才必须穿西装、系领带，女士们则要穿晚礼服。

2. 饮食

新加坡汇集了来自世界各地的美食，中国菜、马来菜、泰国菜、印尼菜、印度菜、西餐、快餐等应有尽有。较有特色的菜有：鸡饭、马来椰浆饭、炒福建虾面、印度炒面、印度薄饼、沙爹海鲜烧烤、红龟糕、印度羊肉汤、中国药材羊肉汤、肉骨茶、清汤、文头雪等。

新加坡人的主食多是米饭，有时也吃包子等，但不喜食馒头。马来人用餐一般用手抓取食物，他们在用餐前有洗手的习惯，进餐时必须使用右手。饮茶是当地人的普遍爱好，客人来时，他们常以茶水招待，华人喜欢饮元宝茶，意为财运亨通。

二、礼仪、禁忌

1. 日常社交礼仪

在社交场合，新加坡人与他人所行的见面礼节多为握手礼。在待人接物方面，新加坡人特别强调笑脸迎客，彬彬有礼。在人际交往中讲究礼貌、以礼待人，这不但是每个人所应具备的基本修养，而且也已成为国家和社会对每个人所提出的一项必须遵守的基本行为准则。

在新加坡，人们普遍讲究社会公德。政府通过采用"法"与"罚"这两大法宝，去促使人们提高社会公德意识。今日的新加坡，讲究社会公德，可以说是有法可依，有法必依，执法必严，违法必究。比如，在新加坡，公共场所人们不准嚼口香糖，过马路时不能闯红灯，"方便"之后必须拉水冲洗，在公共场合不准吸烟、吐痰和随地乱扔废弃物品。不然的话，就必受处罚，需要交纳高额的罚金，有时还会吃官司，甚至被鞭打。在商务和公务往来中，男士通常要穿白色长袖衬衫和深色西裤；女士要穿套装或深色长裙。在公共场所，穿着也不能过于随便，尤其不能穿露肩、露背、露脐等服装。

2. 民间禁忌习俗

新加坡人不喜欢7这个数字，也不喜欢4、6、13、69这些数字。不喜欢黑色、紫色，但偏爱红色，认为红色对人有激励作用，是庄严、热烈、勇敢的象征。忌讳乌龟，认为是不详的动物。大年初一不扫地，认为会把好运气扫走。忌讳说脏话，对"恭喜发财"之类的话很反感，认为有教唆他人发不义之财的意思。男子留长发会受到舆论谴责。严禁放烟花爆竹。

不能摸别人的头，因为头被视为心灵所在。不能用食指指人，双手不能随便叉腰。就餐时，不把筷子放在碗和盘上，也不要交叉摆放，应放在托架上。

伊斯兰教徒禁食猪肉，忌讳使用猪制品，禁忌谈论有关猪的话题。

印度人将牛视为圣物，不吃牛肉。马来人、印度人禁忌左手传递东西。

在参观庙宇和回教堂时，衣着必须端正，手脚都得有衣物遮盖。到访印度寺庙和回教堂，都得在进门之前脱鞋，到本地人家里做客也是如此。在吃印度餐或马来餐时，请用右手。

3. 部分当地法规

（1）新加坡是世界上最清洁的城市之一。游客必须随时注意保护环境卫生，随便吐痰、弃物要罚款1000新元。

（2）新加坡主张禁烟。公共汽车、剧场、影院、餐馆和装有空调的商店、政府机关办公室都属禁烟区，违禁要罚款500新元。

（3）行人须走人行横道。翻越栏杆罚款50新元，如果50米内无人行横道，要从交通指示灯下过马路。

（4）使用公厕后要记得主动抽水冲洗，否则将被认为是违法行为，一旦罪名成立的话，将被罚款。

（5）在新加坡的地铁等公交系统里注意不能喝饮料、水等，否则也要罚款。

（6）吃口香糖是不犯法的，但不能出售。不过，近年已可在新加坡药店买到，因为口香糖在这里被归类为"口腔保健用品"。

（7）新加坡不鼓励支付小费，酒店和餐馆的账单上都会列出10%的服务费。机场内禁止支付小费。

第三节　中国公民办理新加坡签证

1. 持因私护照办理新加坡签证所需材料

（1）护照：因私护照原件及护照照片页复印件。护照有效期应在六个月以上（从入境日期开始计算），并至少有一张空白签证页。

（2）签证申请表格（原件）：一份用英文填写完整，并有申请者亲笔签名的申请表格。申请表格可在网上下载（*http://www.mfa.gov.sg/beijing*）。

Address in Country of Origin 所属国家地址

Country of Origin:
所属国家

Division/State/Province of Origin:
所属省份

Prefecture of Origin:
所属城市

County/District of Origin:
所属县/区

Address:
地址

PART II – OTHER DETAILS 其他信息

Occupation:
职业

Highest Academic/Professional Qualifications Attained:
最高学历

Religion/Denomination:
宗教信仰/宗派

Purpose of visit:
到访目的

Date of Intended Arrival in Singapore / Period of Visa Applied For:
预计到访新加坡的日期/欲申请签证的期限

How long do you intend to stay in Singapore?* ☐ Up to 30 days ☐ More than 30 days
您预计在新加坡居留多久? 最多 30 天 超过 30 天

If your intended stay in Singapore is more than 30 days, please state the reason for your intended length of stay and the duration. 若您预计将在新加坡居留超过 30 天，请说明理由并注明您将居留的期限。

Nationality of Spouse:* ☐ Singapore Citizen ☐ Singapore Permanent Resident
配偶国籍 新加坡公民 新加坡永久居民
☐ Others (Please Specify)
其他（请注明）

Address in Singapore 在新加坡的地址

Where will you be staying in Singapore?* 您将在新加坡何处住宿？

☐ Next-of-kin's Place ☐ Relative's Place ☐ Friend's Place ☐ Hotel ☐ Others (Please Specify)
直系亲属处 亲戚处 朋友处 酒店 其他（请注明）

Block/House No.（楼号）: **Floor No.**（楼层）: **Unit No.**（门号）: **Postal Code**（邮编）:

Street Name: **Tel No:**
街道名字 电话号码

Building Name:
大楼名称

IMM 14A
THIS FORM IS ISSUED FREE 此表免费分发 (只限用于中国国内)

Did you reside in other countries, other than your country of origin, for one year or more during the last 5 years?*
您是否在过去5年内，除了在您所属国家外，在其他国家居留一年或以上？
☐ Yes 是   ☐ No 否

If yes, please furnish details 若是，请提供相关详情

Country 国家	Address 地址	Period of Stay 居留日期	
		From 从	To 至

PART III – ANTECEDENT OF APPLICANT * 申请人申请背景

(a) Have you ever been refused entry into or deported from any country, including Singapore?   ☐ Yes 是 ☐ No 否
    您是否曾被任何国家（包括新加坡）拒绝入境或遣返回国？

(b) Have you ever been convicted in a court of law in any country, including Singapore?   ☐ Yes 是 ☐ No 否
    您是否曾在任何国家（包括新加坡）的法律下被宣判有罪？

(c) Have you ever been prohibited from entering Singapore?   ☐ Yes 是 ☐ No 否
    您是否曾被禁止进入新加坡？

(d) Have you ever entered Singapore using a different passport or name?   ☐ Yes 是 ☐ No 否
    您是否曾用其他名字或护照进入新加坡？

If any of the answer is "YES", please furnish details on a separate sheet of paper. 若以上任何一个问题答案为"是"，请用另一页纸提供详情。

PART IV - DECLARATION BY APPLICANT （申请人宣誓）

I declare that the particulars and documents furnished in respect of this application are true and correct.
本人谨此声明，本人在这份申请书里所提供的一切资料均属实与正确。

I undertake not to misuse controlled drugs or to take part in any political or other activities during my stay in Singapore which would make me an undesirable or prohibited immigrant under the Immigration Act.
本人保证在居留新加坡期间不滥用受管制药物，或参加任何政治性活动或其他足以使本人成为在移民法令下不受欢迎或被禁入境人士的活动。

I undertake to comply with the provisions of the Immigration Act and any regulations made thereunder or any statutory modification or re-enactment thereof for the time being in force in Singapore.
本人保证遵守移民法令的规定以及该法令下的任何条例，或新加坡现行的对该法令所作的任何法定修改或重新制定。

I undertake not to involve in any criminal offences in Singapore.
本人保证在新加坡期间不涉及任何刑事罪行。

I undertake not to indulge in any activities which are inconsistent with the purpose for which the immigration passes have been issued
本人保证不沉溺于任何不符合贵局签发移民证件原意的活动。

I further undertake not to be engaged in any form of employment, business or occupation whilst in Singapore without a valid work pass issued under the Employment of Foreign Manpower Act (Cap. 91A).
本人进一步保证在居留新加坡期间，在没持有外国劳工雇佣法令签发的工作准证的情况下，不参与任何形式的就业、商业或职业。

I am aware that overstaying or working illegally in Singapore is a serious offence and on conviction, the penalties may include mandatory imprisonment and caning.
本人知道，在新加坡逾期居留或非法工作是很严重的罪行，而且罪名成立时的惩罚可能包括强制性监禁和鞭刑。

I understand that if the Controller of Immigration is satisfied that I or any member of my family breaches this undertaking or becomes an undesirable or prohibited immigrant, he will cancel my immigration pass and the passes of the members of my family, and we may be required to leave Singapore within 24 hours of such cancellation.
本人明白，如果移民与关卡局总监确信本人或本人任何一名家庭成员违背了这份担保书或成为不受欢迎或被禁入境人士，他将取消我与我家人的移民证件，而我们可能必须在证件被取消后24小时之内离开新加坡。

I understand that this application for and possession of a visa does not guarantee entry into Singapore and permission to entry is entirely discretionary at the point of entry.
本人明白，提呈这份签证申请书以及持有签证都不能成为入境担保，本人能否入境，全视临入境前的情况而定。

I give my consent for your department to obtain and verify information from or with any source as you deem appropriate for the assessment of my application for immigration facilities.
本人同意让贵局向任何视为恰当的消息来源获取或核实资料，以便对本人的移民证件申请作出评估。

_____   _____
Date 日期   Signature of Applicant 申请人签名

IMM 14A

THIS FORM IS ISSUED FREE 此表免费分发 (只限用于中国国内)

（3）彩色照片：两张（一张贴在表格上，另一张供扫描用）。照片应符合下列要求：两寸，彩色、白底的三个月内的近照；正面免冠（如按特殊宗教或风俗要求戴帽或配饰，帽子或配饰不得掩盖申请者面部特征）。

中国身份证：原件及复印件。（注：申请商务签证者，只需复印件）。

（4）签证费（概不退还）：人民币 153 元（请自备零钱）。

（5）委托书：如本人不能亲自来使馆申请签证，需出具委托书，委托书要注明被委托人的姓名及身份证号码（中英文均可）。被委托人必须携带自己身份证原件并提交复印件。即使是同一个人被委托，请在申请及领取签证时各递交一张委托书。

（6）新加坡公司商业注册简况打印件：由新加坡会计与企业管理局（http://www.acra.gov.sg）出具的新加坡公司最新商业注册简况打印件一份，该简况的打印日期距递交日期不得超过六个月。由新加坡政府机构、大学邀请或出席在新加坡召开的展览会、大型会议等的申请者，无需出具 V39A 表格和新加坡公司商业注册简况。申请者只需递交该机构或组织签发给申请者的邀请函原件。邀请函上必须要有该机构或组织邀请人的签名和申请者的名字。

（7）V39A 表格原件（介绍信）：由新加坡注册公司代表人（必须 21 周岁以上的新加坡公民或新加坡永久居民）用英文填写完整的原件一份。信上必须注明新加坡公司的地址、电话、传真号码、公司章和公司代表人的新加坡身份证号码与签名。

2. 注意事项

（1）未填好的表格、材料不齐或不符合要求有可能导致拒签或推迟受理。

（2）签证申请是否被批准，及批准的有效期限都由签证官根据申请者个别情况决定。

（3）申请者应在签证批准后再购买机票。凡因提前购买机票而签证未被批准所造成的经济损失，本馆对此不负责任。

（4）签证的签发日期一般是签证的申请日，签证一旦被签发其有效期将不再变更。申请者不应过早递交申请材料。若签证已过期，申请者须重新递交申请材料。申请者在领取签证时，应仔细核对签发日期及签证有效期。建议申请者在出国前一至两周递交申请。

（5）签证持有者并不一定可以入境新加坡。签证持有人须符合入境规定方可准许入境，如有效护照，足够的资金和往返机票（如需要）。新加坡移民与关卡局官员有权决定其是否可入境。

（6）新加坡移民与关卡局官员在签证持有者入境时决定其停留天数。申请者应留意护照的入境章和批准的停留期限。

（7）《中华人民共和国政府和新加坡共和国政府关于外交、公务和公务普通护照持有者互免签证的协定》已于 2011 年 2 月 18 日在新加坡签署。双方已完成本国法律程序并确认上述协定自 2011 年 4 月 17 日起生效。

协定规定，持有效外交、公务和公务普通护照的中国公民和持有效外交、公务护照的新加坡公民，入境缔约另一方如不超过 30 日，免办签证。

上述中、新两国公民如欲进入缔约另一方国境并停留超过 30 日，或以工作、学习或任何赢利活动为目的，应根据缔约另一方主管部门的有关规定在抵达缔约另一方国境前申办签证或有关通行证。

【提示】

新加坡签证为电子签证，而非普通的粘贴在护照上的贴纸式签证。

新加坡的 Visa 是一个自动化处理系统（smart system），在它接受申请后，每个申请会自动生成，担保人或申请人随时可凭申请号在网上查询审批情况。

从 2009 年 7 月 1 日起，新加坡驻华使馆为中国申请者签发电子签证（e-Visa）。在领取签证后，建议您上网打印多份有效签证以防遗失。

申请者可登陆新加坡移民与关卡局的网站 www.ica.gov.sg，点击 SAVE 系统，签证申请查询（status enquiry），输入相关申请序号（例如 VSCXXXXXXSAXXXX2009）和护照号码，再点击"这里（here）"打开文件。

【案例】

在瑞典，宜家占有 20%的市场份额，占据了家具销售的领导地位。在过去的二十多年间，宜家发展为一家跨国集团。德国是宜家最大的市场之一，拥有 20 多家店面，销售额占到整个集团总销售额的 30%。自从 1974 年在慕尼黑开了第一家店面以来，宜家进入德国市场已经有十多年了，但德国的宜家员工仍然难以接受瑞典式的管理。托马斯·拉尔森是科隆分店的经理，他说"一些资格较老的员工都不会直呼我的名字，不用德语 du（对'你'非正式的称呼），因为他们认为 du 是对上司的不敬"。当地的人事经理海克·奥斯特埃希也说："有两种对'你'的称呼，一种是宜家的'您'，另一种是用于朋友之间的'你'。"

德国人严格按照规章制度办事，他们服从上司的安排，只要是事先约定好的或者以书面形式规定的，他们都会认真去做，而宜家的企业文化核心却是"对自己负责"，不强调员工必须严格遵守一定的规章制度。瑞典语版本的《宜家手册》中有一些模糊用语，目的是使员工在执行这些政策时可以有更多自由变通的余地，而为了适应德国人的工作习惯，在把宜家的企业文化翻译成德语时，大家认为有必要把瑞典语版本中的模糊用语变得更为清楚。有一次，宜家创始人坎普拉德的继任者安德斯·莫伯格建议有些地方可以设立促销橱窗，而德国的宜家经理们把莫伯格的这个建议当成了一道命令，于是促销橱窗在德国的宜家商店随处可见。

总的来说，德国员工认为瑞典人更加看重结果，会认真处理每一个问题，但他们觉得瑞典人在行动之前对风险不会进行充分的评估。海克·奥斯特埃希甚至说："为了提高工作效率，瑞典人宁愿把我们的办公桌都扔到后院去。"瑞典人的随便也让德国人看不惯，他们甚至"可以在香烟盒背面作笔记"。而德国人更喜欢正式的规章制度，"我们需要办事程序和形式，因为严格的管理模式使德国人感到安全"。

【讨论】

1. 根据本案例，IKEA 是怎样的管理方式？这种方式适合德国人吗？

2. 你觉得德国人应该去适应 IKEA 的管理方式吗？如果认为是，则应该采取什么举措呢？

【分析】

◎ 矛盾冲突

总的说来，瑞典宜家的工作方式比较随意，而德国人则更习惯于正式严谨的层级管理，在以上案例中具体表现有以下几点：

德国员工习惯用比较正式的称呼以示对对方的尊重，就像托马斯·拉尔森说的一些员工还是不会直呼其名，在公司里德国同事更多的用"您"而不是"你"。

宜家的管理不像德国人那样正式严谨，瑞典宜家更喜欢用模糊的语言来制订规章，这样员工可以有更大的自由空间，宜家的企业文化核心就是"对自己负责"，而德国人习惯在工作中有严格的规章制度，他们会严格按照上司的命令有章可循地完成任务。瑞典人甚至可以在香烟盒的背面记东西，而德国人认为这样随便的做事方法是无法理解的，他们需要正式的办事程序和形式。

◎ 原因分析

瑞典人和德国人在公司管理理念上有很大的分歧，这和他们的民族文化有直接的关系。霍夫斯特在《文化重要性》（Cultural Consequences）一书中提到了四个文化维度，其中一个是不确定性规避（Uncertainty Avoidance），一个民族的不确定性规避的高低与其在工作中的管理风格有紧密的联系。根据霍夫斯特的调查研究，就不确定性规避而言，在 53 个国家中德国排在 29 位，而瑞典排在 50 位，也就是说瑞典人的不确定性规避度要比德国人低很多，德国人对不确定的和未知情景感到威胁的程度更强烈，这种感觉会引起人们的紧张，为了降低这种紧张感，德国人在工作中更倾向于正式严格的阶层管理制度，而瑞典人因为不确定性而感到威胁的程度要小得多，他们不会有像德国人那样要规避不确定性的紧张感，因此在工作中更倾向于非正式的或松散的管理模式。

正是因为对不确定性规避的不同看法，才导致了德国员工对宜家管理和工作方式的不满。为了规避不确定性，德国人更看重制度和纪律。就本案例来说，德国人认为：第一，在公司里同事或上下级之间称呼要得体以表示尊重，这样有助于维持严格的层级管理制度；第二，公司应该制订明确的规章制度，这样员工可以有章可循，而不只是模糊其词，可以让员工自由发挥，下级应该对顶头上级负责，而不是"对自己负责"；第三，工作方式应该更认真一些，而不是敷衍了事，随便到可以用香烟盒的背面做笔记。但是在不确定性规避度很低的瑞典人看来，公司管理没有必要那么严格正式，德国人未免有点死板。

【文化沟通】

因为德国市场占到宜家集团整个销售额的 30%，要保住现有的业绩或有更好的发展就必须处理好在德国的管理问题。

由于这一问题的深层原因是两国的文化价值观不同，德国员工和宜家管理层都应该首先了解对方的文化，双方都应该接受关于对方国家文化的培训，这是成功跨文化交际的第一步。不确定性规避等一些文化维度对一国公司的管理理念有很大的影响，因此，要理解不同管理理念和工作方式，必须对不同文化传统有所了解。

就宜家来说，可以适当根据德国本土的文化传统做些管理风格上的改变，如制订条例规定明确每位管理人员和员工的职责，严格惩罚制度，还可以实施管理人员本土化的策略，雇用德国经理来进行管理；就德国员工来说，在进入宜家工作初期，就应该接受关于瑞典的国家文化和宜家企业文化培训，这样在工作中可以理解为什么会有不同于自己国家的管理模式，甚至还可更好地融入到宜家的文化中去，做一个真正的宜家人。

模块三 / 生活交流

第五章 学习情境——美国

N 公司派驻美国纽约分公司的职员吴峰收到美国分公司邀请,前去参加公司五周年年会。吴峰从居住地搭乘出租车前往年会举办地点。参加公司正式商务宴会,吴峰需要了解当地赴宴的相关礼仪和习惯。

【任务引入】

纽约分公司成立五周年,将举办一场商务宴会。宴会上邀请了公司员工以及部分合作伙伴。初来乍到的吴峰是第一次出席这样的正式宴会,而且是在美国,他的内心里既充满期待,也有担心。

【任务分析】

吴峰初次来到美国,还没有充分了解美国的文化与习俗。因为他对于应该如何着装,如何就餐,如何与他人在宴会上接触等礼仪仍存在着一些不了解的地方,因此,需要对相关文化礼仪做一定事前学习和了解。另外,出席正式宴会,吴峰当然要着正装。所以,为保持着装的整洁,吴峰应当选择出租车作为出行交通工具。

【任务】

(1)了解美国的基本人文地理知识。
(2)了解美国的常见出行方式。
(3)了解国际上商务场合的着装礼仪。
(4)了解国际上商务场合的交往礼仪。
(5)了解出席自助餐宴席时的就餐礼仪。
(6)了解美国文化禁忌。
(7)掌握一定的相关英语词汇。

第一节 美国概况

一、位置

美国的全称是美利坚合众国(The United States of America),位于北美洲中部,领土还包括北美洲西北部的阿拉斯加和太平洋中部的夏威夷群岛。其东临大西洋,西濒太平洋,南靠墨西哥和墨西哥湾,北接加拿大,海岸线 22 680 千米。

美国东海岸时间比北京时间晚 13 小时,西海岸时间比北京时间晚 16 小时,夏威夷时间比北京时间晚 18 小时。

二、面积与人口

美国国土面积 937.26 万平方千米。人口 3.1 亿（截至 2012 年 2 月），少于中国和印度，为世界第三人口大国，其中白人占 64%，拉美后裔占 16.3%，黑人占 12.6%，亚裔占 4.7%，华裔约 363.9 万。

三、语言

在美国，共有数百种语言被使用，通用语言为英语，其他使用人数较多的语言还有西班牙语、汉语、法语等。

四、宗教

世界上各种重要的宗教教派在美国都有信徒。据 2007 年的估算数据，美国 51.3% 的居民信奉基督教新教，23.9% 的居民信奉天主教，另有 1.7% 的人信奉犹太教，1.7% 的人信奉摩门教，1.6% 的人信奉其他基督教，美国还有 4% 的人不属于任何教派。

五、自然环境

美国主要分为三个地形区：东部山区和大西洋沿海低地、中部平原和西部山区。东部的阿巴拉契亚山脉几乎贯穿南北。西部的主要山脉有四个：海岸山脉、喀斯喀特山脉、内华达山脉和落基山脉。其中，落基山脉宏大雄伟，被称为"北美的脊梁"。在东部和西部山区之间是一望无际的平原，约占美国本土面积的 1/2。阿拉斯加州的麦金利山海拔 6,194 米，是全国最高峰。位于加利福尼亚州的死谷只有 -86 米，为全国最低点。

密西西比河是美国最主要的河流，长度居世界第 4 位。在美国的东北部与加拿大交界处有世界最大的淡水水域——素有"北美地中海"之称的五大湖群，分别是苏必利尔湖、密歇根湖、休伦湖、伊利湖和安大略湖，其中密歇根湖属美国，其余四湖为美国和加拿大共有。苏必利尔湖为世界最大的淡水湖，面积在世界湖泊中仅次于里海而居世界第 2 位。

美国大部分地区属于温带大陆性气候，南部属亚热带气候，西部沿海地区分布有温带海洋性气候、地中海气候和热带沙漠气候。东北部沿海和五大湖区冬冷夏凉；东南部沿海冬季温暖少雨，夏季凉爽湿润；中部平原冬季寒冷多雪，夏季炎热多雨；西部内陆高原地区气候干燥，冬寒夏热；太平洋沿岸北部雨量充沛，南部冬季多雨，夏季干燥闷热。

六、国旗、国歌、国花、国鸟

1. 国旗

美国国旗是星条旗，呈长宽比为 19：10 的横长方形。旗面主体是 13 道红、白相间的宽条，左上角有一蓝色长方形，上面分 9 排横列着 50 颗白色五角星。其中，13 道宽条代表最早发动独立战争并取得胜利的 13 个州，50 颗五角星代表美国的 50 个州。红色象征勇气，白色象征真理，蓝色则象征正义。

2. 国歌

美国国歌是《星条旗永不落》。1931年，该歌曲被美国国会正式定为国歌。

3. 国花

美国国花是玫瑰花，象征着美丽、芬芳、热忱和爱情。1985年，由参议员约翰·登提议，经参议院通过，被选为美国国花。

4. 国鸟

美国国鸟——白头海雕是一种大型猛禽，这种鸟仅分布在北美沿海，是北美洲的特产，所以又叫美洲雕。1782年，美国国会将它列为国鸟，并把它作为美国国徽的图案。

七、行政区划

美国全国划分为50个州和1个特区，有3 042个县。联邦领地包括波多黎各和北马里亚纳群岛；海外领地包括关岛、美属萨摩亚、美属维尔京群岛等。

八、首都

美国首都是华盛顿，其全称为"华盛顿哥伦比亚特区（Washington D.C.）"，位于美国东部偏北，马里兰州与弗吉尼亚州之间，人口约60万。华盛顿始建于1790年，1800年正式使用，为纪念美国的开国元勋华盛顿而命名。华盛顿是美国的政治、文化中心，城市布局整齐，环境优美，建筑风格多样。白宫、国会大厦、五角大楼、华盛顿纪念碑、林肯纪念堂、杰斐逊纪念堂、国会图书馆等都是华盛顿著名建筑。

第二节 生活、文化礼仪

一、出行

（一）搭乘出租车

纽约城正规的出租车是亮黄色的，还有一个小标志（叫经营牌照）在车顶显示出租车独一无二的四位数字。车门上也有相同的一组数字。在街上你只能乘坐这样的出租车，没有许可证的"黑车"会非常昂贵。

如果车顶上的数字亮着，就表示它是空车，你可以站在路边朝它招手。如果有人在街角拦出租车，为了表示礼貌，你应该走过一个街区，或者到街对面拦车。你也可以等第一个人打到车以后再拦下一辆。你可以用信用卡或者金融卡付账，也可以使用现金，价格会在司机旁边的计价器上显示出来。起步价是 2.5 美元，每个"多出来的单位"0.4 美元，是按每英里的五分之一计算的（出租车在行驶的时候），或者每 60 秒（出租车不动的时候）。每 20 个街区大约 8 美元。除了计价器上的价钱之外，还要再加 15%~20%的小费。在市区外你要支付一些附加费用，晚上 8 点至次日早上 6 点要多给 0.5 美元的附加费，平时下午 4 点至 8 点多给 1 美元的高峰附加费。

（二）搭乘地铁和公交车

每天大约有 500 万人搭乘纽约城的 26 条地铁，还有 240 万人选择挤公交车。公交车和地铁很安全，速度也比较快，搭乘很方便。想要具体了解城市的交通服务、价格和路线图，你可以登录 www.mta.info，点击"NYC Transit"，然后从菜单中选择"Travel/Tourist Information"。注意，公共交通的高峰时段是上午 8 点、9 点和下午的 4 点和 6 点，所以出行时，尽量避开这些时间。

二、着装

（一）国际商务着装礼仪

1. 男士国际商务着装礼仪

商务男士在穿西装时，务必要特别注意以下七个方面的穿着要领：

（1）要拆除衣袖上的商标。

（2）要熨烫平整，使其显得平整而整洁，线条笔直。

（3）要扣好纽扣。站立之时，特别是在大庭广众前起身而立后，西装上衣的纽扣应当系上，以示郑重其事。就座后，西装上衣的纽扣则大都要解开，以防其"扭曲"走样。唯独内穿背心或羊毛衫，外穿单排扣上衣时，才允许站立之际不系上衣的纽扣。系单排两粒扣式的西装上衣的纽扣时，讲究"扣上不扣下"，即只系上边那粒纽扣。系单排三粒扣式的西装上衣的纽扣时，要么只系中间那粒纽扣，要么系最上面那两粒纽扣。系双排扣式的西装上衣的纽扣时，则纽扣一律都要系上。穿西装背心，不论是将其单独穿着，还是同西装上衣配套，都要认真地扣上纽扣，而不能任其自由地敞开。一般情况下，西装背心只能与单排扣西装上衣配套。单排扣式西装背心最下面的那粒须无一例外地统统系上。不管穿以何种方式"关门"的西裤，都要时刻提醒自己将纽扣系上或将拉锁拉好。参加重要的活动时，还须随时悄悄检查，以免"大意失荆州"。对于西裤上的挂钩，也应挂好。

（4）穿西装时，一定要悉心呵护其原状，不卷不挽。公共场所，千万不要当众随心所欲地脱下西装上衣，更不能把它当作披风披在肩上。无论如何，都不可以将西装上衣的袖子挽上去。一般情况下，随意卷起西裤的裤管是不符合礼仪的表现。

（5）要慎穿毛衫。西装要穿得有"型"有"味"，除了衬衫与背心之外，在西装上衣之内，最好不要再穿其他任何衣物。如寒冷难耐，可在西装上衣之内穿上一件薄型"V"领的单色羊毛衫或羊绒衫。但千万不要去穿色彩、图案十分繁杂的羊毛衫或羊绒衫，也不要穿扣式的开领羊毛衫或羊绒衫，更不能同时穿上多件羊毛、羊绒衫、背心，甚至再加一件手工编织的毛衣。

（6）要巧配内衣。西装的标准穿法，是衬衫之内不穿棉纺或毛织的背心、内衣。穿西装不穿衬衫而以 T 恤衫直接与西装配套的穿法是极不符合礼仪规范的。因特殊情况必须在衬衫之内加穿背心、内衣时，需要注意：①数量以一件为限；②色彩必须与衬衫的色彩相仿；③款式上应短于衬衫，其领型以"U""V"领为宜，最好不要穿高领的背心、内衣，以免在衬衫的领口之外露出有碍观瞻的"花絮"；④留心别使内衣的袖管暴露在别人的视野之内。

（7）为保证西装在外观上不走样，应当在西装的上衣、背心、裤子、内衣等口袋里少装东西，或者不装东西。西装上衣左侧的外胸袋除可插入一块用以装饰的真丝手帕外，最好不再放其他任何东西，尤其不应当别钢笔、挂眼镜。西装上衣内侧的胸袋，可用来别钢笔、放钱夹或名片夹，但不要放过大或过厚的东西或无用之物。西装外侧下方的两只口袋，原则上不放任何东西为佳。西装背心上的口袋多具装饰功能，除可以放置怀表以外，不宜再放别的东西。西装裤子上两侧的口袋只能够放纸巾或钥匙包。其后侧的两只口袋大都不放任何东西。

2. 女士国际商务着装礼仪

（1）西服上衣。

女士西服上衣的选择种类，要比男士多很多。比如从款式上来说，有大领、小领、圆领、方领、鸡心领、一字领和平领，长袖、中袖和短袖。在颜色上有深色、浅色和彩色可供选择。总之，只要是能穿出个人的品位和气质来，以上都可以接受。一般情况下，职场女士的着装要求，不像男士那么严格和正规。如果在非常庄重的场合，可以参照男士的着装标准。比如说西服里面加一件衬衫，以白衬衫为好；衬衫的领子掖在里面比翻在外面正规；衬衫的下摆掖进西裙里面比悬垂在外面正规。简单来说，就是越接近男装的着装标准，越正规。

（2）西服套裙。

西服套裙是职业女士在职场穿得最多的服装。有些裙子是近于正装和休闲装之间的，比如纯黑的西裙。跟正装搭配的西服套裙，长度是有限制的，即要在膝盖以上。另外，女士西服套裙的开气在什么位置并不重要，前开、后开和侧面开都可。

（3）袜子。

女士的长筒丝袜千姿百态，但对我们国家的职业女士来说，只有两种颜色可以选，首选的是肉色，其次是黑色。袜子分为透明和不透明两种，冬天穿不透明的保暖丝袜，夏天穿透明的丝袜比较合适。职业女士穿正装的时候，千万不要穿带网眼儿的丝袜。在商务场合，女士穿素色和纯色的袜子更稳重。

（4）皮鞋。

职业女士的皮鞋只有一种选择，即高跟鞋。如身体没有特殊原因最好不要穿中跟鞋，更不能穿平跟鞋。因为当女士穿上高跟鞋时，她的体态会有所变化，再加上一个职业短裙，女士会显得更加优雅、更加有风度。职业女士高跟鞋的高度，基本以五公分作为一个限度。粗跟和细跟之间，最好选择细跟。粗跟显得稍微粗犷一点，跟女士的定位不太协调。女士着装最容易出现的小瑕疵是，穿上一身西服套裙，但是穿了一双高腰的皮靴。这点要特别注意，因为皮靴不属于商务正装。

（5）配饰。

一是女士的首饰。生活中戴几件首饰都无关紧要，但职场女士以戴三件首饰为宜，而且这三件首饰最好选择白色系列，比如珍珠、白金、白银、水晶和钻石。这三件首饰分别是戒指、耳环和项链，它们最好是同一系列的，这样更能体现品位。二是女士的手表。女士至少应该有两块手表，正装手表和休闲手表。正装手表是钢表壳，造型中规中矩、富有女士色彩；休闲手表可以是运动表、时装表或各种造型夸张的手表。三是手提包。在正式场合，女士最好以提公文包的方式提着自己的包，不要背在肩上。特别高级的休闲包，也是以皮包和公文包的方式提着比较好。至于包的大小和式样，以在视觉上不太夸张为宜。

（6）发型。

女士的头发不像男士那么单一，基本上有三种级别。最高级别的是晚装发型，需要将头发盘起来，在一些正式晚宴搭配旗袍和晚礼服比较合适；第二个级别的是用来搭配职业正装的长头发，是挽在后面的比较正规的发式；第三个级别的就是休闲的发型，可以随意。长发的女士要注意，以下三种场合是不能把头发放在前面的，应当扎起来放在后面，即穿正装的场合、用餐的场合、正式的会议场合。

（二）西方男女的着装与性别政治

对多数中国人来说，女性穿着裙子或裤子是随意的，但在西方传统文化背景里，这是有重要区别的。在英语里将"穿裤子"的人定义为"一家之主"，如：When her husband was out she wore the trousers.（当她丈夫外出时，家里由她说了算。）Don't believe any trousers.（别相信男人。）之所以有这种说法，是因为以前欧洲人家里，女性一般都穿裙子，能很好体现女性气质；只有男性才穿着裤子，而做决定的都是穿裤子的男性。

三、对外交往

（一）握手礼仪

在对外交往时，往往需要与别人握手为礼。在国内外，目前握手都是最常见的会面礼节。在学习有关握手的礼节时，以下几点必须注意。

首先，要注意握手时伸手的先后顺序。握手前后顺序是很重要的。一般做法是地位高者首先伸手。那么，男士和女士握手，女士先伸手；长辈和晚辈握手，长辈要先伸手；上级和下级握手，上级先伸手。宾主握手有点特殊。宾主握手的一般做法是：客人到来时主人先伸手，主人先伸手表示欢迎。

其次，要表现得专心致志。握手时要专心致志。专心致志一般有具体要求：其一，要面含微笑地注视对方，不能敷衍了事。你得看着对方，而且面含微笑。其二，可以适当寒暄几句。届时可以说"欢迎光临""很高兴认识你""我们又见面了"之类的话。

最后，握手时要稍微用力，并握住对方的手掌。握手的时候要稍微停留一下，停留三五秒钟左右，上下晃动晃动，并且稍许用力。

（二）相关禁忌

第一，忌不注意先后顺序。和外人握手时一定要注意，伸手的前后顺序不能搞错了，搞错了会很尴尬。

第二,忌用左手。特别在对外交往中,有些国家,有些民族有特殊的宗教和民族习惯。

第三,忌戴手套、墨镜与帽子。握手一般是不戴手套,不戴墨镜,不戴帽子的,此举表示一种尊重。

第四,忌交叉握手。除国外,特别是西方国家,应该避免交叉握手。基督教认为,十字架这个图案不吉利,因为十字架钉死过基督,所以欧美人对刀叉放成十字、交叉握手、交叉干杯,都非常忌讳。

四、就餐

(一)自助餐注意事项

1. 统一用餐

在主持人没有宣布用餐前,应该坐在自己位子上,切勿在自助餐前徘徊走动。

2. 取餐动作要求

(1)取餐时应按照餐厅设定的方向顺向排队,不可逆向行进,更不可插队及大声喧哗。

(2)自助餐实行的是"分餐制"。取菜前每个人应准备好自己的餐具、食盘。取菜时,应用公用的餐具将食物放入自己的食盘内,不要用自己的餐具取菜。

(3)参加自助餐会,应遵循"多次少取"的原则,取食时要量力而行。

(4)在取食品的时候还要遵循一个原则,就是:只取自己的!

(5)无论如何都不要将自助餐打包。

(6)再次取菜时,不使用已用过的餐具。

3. 用餐要求

(1)取餐后请原位就座用餐,就餐时可小声交谈,不得大声喧哗。

(2)用餐时,应保持端正的姿态,吃相应文雅、自然、大方、得体,自觉保持文明形象。

(3)当口中有食物时不要张嘴说话。

（4）喝汤时要用汤匙舀着喝，尽量不要发出声音。

（5）在餐桌上尽量不要当众剔牙，如果需要时，最好用手或餐巾纸挡住嘴，用牙签轻轻剔牙。

（6）餐巾只用来擦嘴或擦手，不要用来擦餐具或擦汗。

（二）入（离）座礼仪

（1）走到座位前，转身轻稳坐下。如果需要挪动椅子的位置，先把椅子移至欲就座处，然后入座。

（2）坐在椅子上，应至少坐满椅子的三分之二。

（3）谈话时应根据交谈者方位，将上体双膝侧转向交谈者，上身仍保持挺直。

（4）离座时要自然稳当，右脚向后收半步，而后站起。

（5）女子入座时，若是裙装，应用手将裙子稍稍拢一下。

（6）正式场合一般从椅子的左边入座，离座时也要从椅子左边离开。

（7）就座后，坐姿应端正，但不僵硬，避免不合礼仪的举止体态。

（三）注意事项

（1）避免坐在椅子上移动位置。

（2）不要出现自卑、恭维、讨好的姿态。讲究礼仪要尊重别人但不能失去自尊。

（3）避免频频离席或挪动座椅。

（4）避免随意摆弄餐具和餐巾。

（5）避免随意脱上衣、摘掉领带、卷起衣袖。

（6）避免说话时比比划划；避免头枕椅背打哈欠、伸懒腰、揉眼睛、搔头发等。

五、美国文化礼仪

（一）服饰文化

总体而言，美国人平时的穿着打扮尊尚自然，偏爱宽松，讲究体现个性。

美国人认为：一个人的着装，必须因其所在的具体场合，或是所扮演的具体角色而定。在美国人看来，一个人穿着西装、打着领带去逛公园、游迪斯尼乐园，与穿着T恤、短裤、健美裤赴宴或出席音乐会一样，都是不得体的。

美国人在着装方面虽然比较随性，但这并不等于说，他们一点儿讲究也没有，跟美国人打交道时，应注意对方在穿着打扮上的下列讲究，免得给对方造成不良印象。

（1）拜访美国人时，进了门一定要脱掉帽子和外套，美国人认为这是一种礼貌。

（2）美国人十分重视着装的细节。在美国人看来，穿深色的西服套装时穿白色袜子，或穿套裙时让袜口露出裙摆之外，都是缺乏基本的着装常识的表现。

（3）在美国，女士要是随便在男士面前脱下自己的鞋子，或者撩动裙子的裙摆，人们往往会认为她成心引诱对方。

（二）日常社交礼仪

1. 见面礼节

在正式场合，美国人讲究见面礼节，通常是先介绍再握手。女性彼此见面可不握手。在非正式场合，见面礼较简单，笑一笑，打个招呼，说声"Hello"或"Hi"即可。跟美国人会面时，一般不称呼头衔和职位，不说"很高兴见到你，尊敬的副总裁先生"。

2. 交谈礼节

与美国人交谈时，不要涉及对方的个人隐私，如年龄、收入、家庭状况、体重等；不要打听对方服装、所用物品的价格；不要以"你去哪儿""做什么去了"等作为打招呼用语。美国人在交谈时，会频繁使用礼貌用语，即使是家庭成员间，也常用"请""对不起""谢谢"等词。多人一起交谈时，应尽量寻找大家共同感兴趣的话题，不要厚此薄彼，只与部分人交谈。

与美国人交谈时，举止要文雅，不可挖耳朵、抠鼻子或咳嗽。实在要咳嗽也应用手帕捂嘴，并向在场的人道歉。在公共场所交谈时，声音不应过大，也不可大笑、大吵；表示惊讶时，不可伸舌头，这被看作是侮辱人的举止。

3. 送礼礼节

美国人不喜欢随便送礼，只在朋友生日、结婚时才送上一份有纪念意义的礼品。礼品不讲究贵重，鲜花、蛋糕、点心、巧克力、书籍都可作为礼品。在节日时，美国人也有送贺卡的习惯。美国人送礼讲究精美的包装。收到礼物后，美国人一般会马上打开，并夸奖、感谢一番。把礼物放一边是不礼貌的行为。

4. 女士优先

在社交场合，美国人习惯于照顾、保护女士，尽量为女士提供帮助，即使对方素不相识。

5. 保持一定距离

美国人注重"个人空间"，因此，与美国人接触，要注意保持恰当距离，不是靠得越近就表示关系越亲密。与美国人交谈，距离50厘米以上为宜。在公共场所，如在公交车上、候车室、银行柜台前，都要注意与人保持一定距离。如果不得已要靠近别人时，要先打招呼，得到对方同意后方可靠近。

（三）禁忌

美国人认为狗是人类最忠实的朋友。对于那些自称爱吃狗肉的人，美国人是非常厌恶的。在美国人眼里，驴代表坚强，象代表稳重，它们分别是共和党和民主党的标志。

与美国人打交道时，一般都会发现，他们大都比较喜欢运用手势或者其他体态语言来表达自己的情感。不过，下列体态语却为美国人所忌用：一是盯视他人；二是冲着别人伸舌头；三是用食指指点交往对象；四是用食指横在喉咙之前。美国人认为这些体态语言都具有侮辱他人之意。

与美国黑人交谈时,既要少提"黑"这个词,也尽量不要打听对方的祖居之地。

美国人很看重准时这点。与美国人交流时,应避免谈论种族、宗教、性别、年龄和身体特征。

(四)美国人的工作态度

美国人视工作为生命中很重要的一部分,再富裕,都要有自己的一份工作。他们对工作很敬业,工作效率很高。他们不赞同浪费时间、闲着不干事。他们的工作时间和娱乐时间泾渭分明,他们喜欢谈论"工作尊严",认为工作是人能力、价值观念的体现。

第六章 学习情境——马来西亚

宋林被公司派往马来西亚出席合作洽谈会，并受马来西亚公司同事邀请，参加公司宴会。他需要了解当地赴宴的相关礼仪和习惯。

【任务引入】

宋林到马来西亚出差，并被邀请参加马来西亚合作公司的宴会。对于充满异国情调的马来西亚，宋林感到很新奇，很期待此次马来西亚之行。

【任务分析】

马来西亚是一个东南亚国家，文化与中国有着一定的差异，作为外国人，宋林代表中方公司参加宴会，有必要了解对方的文化与礼仪。

【任务】

（1）了解马来西亚基本人文地理知识。
（2）了解马来西亚的常见出行方式。
（3）了解马来西亚着装文化。
（4）了解马来西亚社交礼仪。
（5）了解马来西亚就餐礼仪。
（6）了解马来西亚文化禁忌。

第一节 马来西亚概况

一、位置

马来西亚（Malaysia）位于东南亚，国土被南中国海分隔成东、西两部分。西马位于马来半岛南部，北与泰国接壤，南与新加坡隔柔佛海峡相望，东临南中国海，西濒马六甲海峡。东马位于加里曼丹岛北部，与印尼、菲律宾、文莱相邻。全国海岸线总长4 192千米，属热带雨林气候。内地山区年均气温22℃~28℃，沿海平原为25℃~30℃。

马来西亚位于太平洋和印度洋之间，是亚洲、大洋洲、欧洲、非洲四大洲海上交通的交汇处，其西海岸即是被称为"东方的苏伊士运河"的马六甲海峡。因此，马来西亚的战略位置十分重要。

二、面积与人口

马来西亚国土面积 330 257 平方千米,由西马来西亚、沙捞越和沙巴三部分组成。全国分为 13 个州,包括西马的柔佛、吉打、吉兰丹、马六甲、森美兰、彭亨、槟榔屿、霹雳、玻璃市、雪兰莪、丁加奴以及东马的沙巴、沙捞越。另有首都吉隆坡和纳闽联邦直辖区。2000 年 12 月,联邦政府行政中心——布特拉加亚(Putra Jaya)成为第三个联邦直辖区。

马来西亚人口约 2 626 万(截至 2005 年底),其中马来人占 61.5%,华人占 23.6%,印度人占 7.1%。马来华人大多聚居于吉隆坡、怡保、马六甲、新山和槟城,多以华语、闽南语及粤语沟通。

三、语言

马来语为国语,通用英语,华语使用也较广泛。政府努力塑造以马来文化为基础的国家文化,推行"国民教育政策",重视马来语的普及教育。华文教育比较普遍,有较完整的华文教育体系。

四、宗教

伊斯兰教为国教,其他宗教有佛教、印度教和基督教等。

五、国旗、国歌、国花、国鸟

1. 国旗

马来西亚国旗又被称为"辉煌条纹"。呈横长方形,长宽比为 2∶1。主体部分由 14

道红白相间、宽度相等的横条组成。左上方有一深蓝色的长方形，上有一弯黄色新月和一颗 14 个尖角的黄色星。14 道红、白横条原代表全国 14 个州，新加坡 1965 年独立后代表全国 13 个州和政府。14 个尖角的星象征全国的团结。蓝色象征团结及马来西亚与英联邦的关系。新月图案象征对伊斯兰教的信仰。黄色代表国家元首的颜色。

2. 国歌

马来西亚国歌是《我的祖国》。

3. 国花

扶桑（bungaraya），又名朱槿、佛槿、大红花、扶桑牡丹，是马来西亚的国花。属锦葵科，落叶（常绿）灌木或小乔木。性喜温暖、湿润的气候。扶桑根、叶、花都可入药，有清热利水、消肿解毒之效。

4. 国鸟

马来西亚的国鸟是马来犀鸟。马来犀鸟成鸟长 110~127 厘米，重 2~3 公斤。寿命可以达 35 岁。雄鸟的眼睛呈橙色或红色，雌鸟的眼睛则是白色的。它们的喙及盔主要是白色及橙色的。它们的下身及尾巴呈白色。

第二节 生活、文化礼仪

一、出行

马来西亚有以下公共交通方式：

1. 出租车

马来西亚出租车分两种 Public Cab（红白两色）2 马币起步；Premium Cab（黄色）3 马币起步。一般不打票，上车前商量价格，适于熟悉当地情况的人。

2. 地铁

马来西亚地铁分为 KTM、LRT 和 Mono Rail 三条线路。在地图上，KTM 为蓝色线路，类似我国的城铁；LRT 为粉色线路，类似轻轨；Mono Rail 为黄色线路。

KTM、LRT 都有自助售票和人工售票，在轻轨站可以用自动售票机买票，也可以去柜台买。1 马币起价，市区内一般不超过 2 马币，自动售票机可以接受最小 10 Sen 的硬币，但纸币只能放一张。

KL Sentral 是个大型的交通换乘枢纽，是三条地铁线的交汇点。

3. 水运

在马来西亚，渡轮定时从槟城、玻璃市港口、吉打港口等主要港口往返兰卡威，从红土坎往返邦咯岛。此外，东海岸多个出港口也提供渡轮服务，以衔接离岛如刁曼岛、停泊岛、乐浪岛及柔佛多个岛屿。

马来西亚海域的主要船舶公司，是由马来西亚人所拥有及管理的丽星邮轮（STAR Cruises）。丽星邮轮登轮码头位于马来西亚主要港口——巴生港口，距离吉隆坡只需一个小时车程。

二、服饰和饮食

1. 服饰

马来男子的典型礼服是上穿"巴汝"，下着西式长裤，腰上围一纱笼，头戴"宋谷"帽，足登皮鞋。

马来女装主要是纱巾、上衣和纱笼，上衣宽大如袍，纱笼则以手工纺织成各种图案。"克巴亚"也是马来西亚女子的传统服饰。

2. 饮食

马来人以大米为主食，肉食主要是牛肉，喜欢吃辣，沙爹和咖喱牛肉风行全国。进餐时用手抓取，一般用右手五指并拢抓饭，用拇指将饭填入口中。

三、礼仪与禁忌

1. 日常礼仪

一般而言，男女可互相握手问好，然而，一些信奉伊斯兰教的女性可能只会以点头和微笑来代替握手，向新相识的男性表示友好，故男方应等女方伸手出来才可与她握手。传统的"Salam"问好方式亦等于握手礼，即双手合掌但勿紧握。男性会伸出双手轻触朋友伸出的手，然后双手指向自己胸口，即表示"我衷心欢迎您"，对方应以"Salam"式问好来回应。

马来人热情、大方、谦恭，日常生活中非常重视礼仪。他们时间观念很强，讲究准时、守信用。男子与宾朋见面时，必须戴"宋谷帽"，以示敬意。

饭前重视洗手，一般是用流水冲洗，而不是用毛巾干擦。

进入马来西亚人的屋子之前须先脱掉鞋子。用手吃饭或给予及接受物品时使用右手。

2. 民间禁忌习俗

（1）进入祈祷和参拜的地方，如清真寺和庙宇时均必须脱掉鞋子，一些清真寺还会供应长袍和头巾给女性参观者。在这些场所通常是可以拍照的，但应事先请求批准及同意。

（2）因马来西亚多信奉伊斯兰教，故不喝含有酒精的饮品。

（3）禁酒、禁赌、禁食猪肉、禁食非经宰杀而死的动物。

（4）除阿訇外，禁止用手触摸他人头部和背部；不用食指指人。

（5）马来人的内厅是做祈祷的地方，神圣不可侵犯。

3. 餐饮礼仪

到马来人家做客，应准时赴约。主客应坐在主人的右边，或坐在餐桌的首位。在取食时，不要把公用勺碰到自己的盘子。应等主人邀请再开始进食，不要自己动手。

在马来餐厅用餐时若看到餐桌上有一个大大的水壶，可别误以为那是装饮用水的茶壶！其实里头的水是用来洗手用的。一般马来人都是用右手抓饭吃，所以用餐前及用餐后洗手是马来人餐桌上的礼节。

马来人用餐时习惯用手取食，因而在用餐前须把手洗干净。进餐时必须用右手，否则会被视为不礼貌。如不得不用左手用餐或取餐具，应先向他人道歉。用餐时一般不坐在椅子上，而是把食物放在席子上，围坐而食。男人盘腿而坐，女人则跪坐，身体稍向右偏。上了年纪的妇女可以像男人一样盘腿而坐。伊斯兰教信徒禁酒，招待客人一般不用酒，饮料多为热茶、白开水或椰汁。马来人还有咀嚼槟榔的习惯。有客人到访，主人除了热情招呼外，最先向宾客表示殷勤和诚意的礼节就是捧上槟榔盘，请客人共嚼槟榔。

4. 马来西亚饮食

沙爹（Satay）：在马来西亚，沙爹是最受欢迎的美味佳肴，切成块并卤上香料的羊肉、牛肉、鸡肉，用细竹签串起，拿到炭火上烘烤而成。沙爹配着米糕（Ketupat）和含有小黄瓜、凤梨及洋葱的生菜沙拉，另外可蘸上香甜的花生酱和肉汁一起吃。

椰浆饭（Nasi Lemak）：即加了椰奶的米饭，配上小鱼干、水煮蛋、烤花生和小黄瓜丝等，是一道很受欢迎的早餐。

马来煎饼（Roti Canai）：在马来西亚境内随时都能叫到的早点，是由小麦面团，加上打过的鸡蛋和碎洋葱包裹起来所做成的香脆馅饼。

手扒饭（Nasi Dagang）：在吉兰丹和丁加奴地区受欢迎的早点，里面的主要填充物是长占米和咖喱鱼。

炒饭（Nasi Goreng）：即大火炒米饭。配料主要有少量的肉、明虾、鸡蛋和青菜。

扁担饭（Nasi Kandar）：其名称来源于十年前槟城的小贩将米饭和咖喱分别吊在棍子的两端。这道菜的配料主要有鸡肉、鱼肉和蔬菜。

马来辣沙拉（Rojak）：用凤梨、小黄瓜、豆腐、切碎了的明虾肉及煮好的鸡蛋切丝后制成，用花生酱调好，味道非常好。

炒粿条（Char Kway Teow）：用平板米条和切碎了的大蒜一起搅拌后，再加上新鲜的明虾、豆芽和蛋丝，用酱油和辣椒酱调味而成。

鸡饭（Chicken Rice）：鸡饭有许多花样，但其中最受欢迎的一种是海南鸡饭，是用香嫩多汁的鸡肉配上已用鸡汤烹调过的米饭，拌上大蒜辣椒酱，再加小黄瓜丝的 Coriander 叶子制作而成。

咖喱叻沙（Curry Laksa）：即在面条上浇上咖喱酱，加上鸡肉块、豆腐和豆芽一起烹制而成，口味比较辛辣。

炒面（Fried Noodles）：所用的面条是用糯米粉制成的。炒面由于做法不同，有各种不同口味，例如马来口味、中国口味、印度口味和素食口味。

福建面（Hokkien Mee）：华人的传统佳肴。用宽宽的黄色面条搭配以明虾、乌贼、豆芽，用口味很重的酱油膏调味。

印度煎饼（Murtabak）：印度饼的一种。肉馅用碎牛肉、洋葱和蛋丝混合烹制而成，通常以咖喱膏调味。

酸辣咖喱饭（Nasi Vlam）：通常是在斋月吃的食物，但在吉兰丹和丁加奴则是随时可吃的食物。

椰浆牛肉咖喱（Rendang）：一种需要长时间烹调的美味佳肴，是用肉、椰子奶、辣椒、洋葱及香料，比如肉桂、茴蓿、肉豆蔻等用文火烹调而成，配上米饭、米糕用椰子奶煮成的糯米，味道香甜而且鲜嫩爽口。

火锅（Steamboat）：与中国的火锅类似，用餐者围坐在中间放着一只深锅的圆桌旁，锅底下有火加热，保持滚烫。用餐者可以将生明虾肉、鸡肉、鹌鹑蛋、海参、鸡肝或猪肝放入滚汤中享用。

印度糕（Thosai）：一种用米粉制成的清爽的糕点，馅内包含有马铃薯和综合蔬菜等，食用时一般再配以椰子及扁豆咖喱。

5. 姓名称谓

马来人没有固定的姓，儿子以父亲的名为姓，父亲则以祖父的名为姓。称呼姓名时名在前，姓在后，男的姓与名之间用"宾"隔开，女的用"宾节"隔开。如达图·侯赛因·宾·奥恩，"侯赛因"是他的名字，"奥恩"是他父亲的名字（即他本人的姓），"宾"则表示男性。

6. 娘惹

娘惹，是指中国人和马来西亚人通婚的女性后代。早期马来西亚人与华人通婚的后代，男性称为巴巴（Baba），女性称为娘惹（Nonya）。据说，在马来西亚的中国女性后裔个个都是烹饪能手，娘惹把中国菜肴烹饪方式与南洋烹饪原料结合，做出的菜肴自成一派，叫作"娘惹菜"。娘惹菜既有中国菜的内蕴，又有马来菜的特色，集合两地烹饪特点创造出一种新的口味。"娘惹菜"味道偏浓，以甜酸、微辣为主，所用的酱料都由起码十种以上的香料调配而成，是令人交口称赞的南洋菜式之一。

第七章 学习情境——伊朗

某公司技术人员李晋在伊朗分公司工作3个月了,结识了伊朗同事赛达。周末,赛达邀请李晋去家里做客吃饭。作为初到伊朗的外国人,李晋需要了解当地相关的文化习俗。

【任务引入】

李晋是某公司的年轻工程师,能有机会外派,是他提升个人业务水平、开阔视野的好机会。李晋没有去过伊朗,对这个神秘的国度充满了向往。作为一个伊斯兰国家,伊朗的文化与中国有着很大的不同。李晋对自己的此次伊朗之行既满心期待,也有点惴惴不安。

【任务分析】

去伊朗之前,李晋必须要做好一些跨文化交际的准备。伊朗是政教合一的国家,宗教在这个国家有着非常重要的地位。如果外国人来到伊朗,因为对当地宗教风俗不了解而触犯当地的禁忌,也是要受到当地法律的惩戒的。因此,李晋在出国前,很有必要了解当地的文化风俗与禁忌。

【任务】

(1)了解伊朗基本的人文地理知识。
(2)了解伊朗的常见出行方式。
(3)了解伊朗的着装文化。
(4)了解伊朗的社交礼仪。
(5)了解伊朗的就餐礼仪。
(6)了解伊朗的文化禁忌。

第一节 伊朗概况

一、位置

伊朗伊斯兰共和国,简称伊朗,成立于1979年,1935年以前称为波斯,位于亚洲西南部,属中东国家。伊朗中北部紧靠里海、南靠波斯湾和阿拉伯海。伊朗相邻国家:东邻巴基斯坦和阿富汗,东北部与土库曼斯坦接壤,西北与阿塞拜疆和亚美尼亚为邻,西接土耳其和伊拉克。伊朗是有丰富的石油、天然气的大国之一，地处世界上石油、天然气最丰富的地区之一——中东。

二、面积与人口

伊朗人口为7 260万（2009年3月数据），人口增长率为1.5%。人口比较集中的省份有德黑兰、伊斯法罕、法尔斯、霍拉桑和东阿塞拜疆。全国人口中波斯人占66%，阿塞拜疆人占25%，库尔德人占5%，其余为阿拉伯人、土库曼人等。官方语言为波斯语。伊斯兰教为国教，98.8%的居民信奉伊斯兰教，其中91%为什叶派，7.8%为逊尼派。

三、自然气候

伊朗气候四季分明。北部春夏秋季较为凉爽，冬季较为寒冷；南部夏季炎热，冬季温暖。伊朗大部分地区的冬季温暖湿润，降水也往往形成于此，这和北下的冷空气有关系。夏天的时候，由于处于副热带高压的控制下，气温很高，且降水不多。

四、宗教

伊斯兰教于公元7世纪初兴起于阿拉伯半岛，伊斯兰（Islam）系阿拉伯语音译，字面意思为顺从、和平，指顺从和信仰宇宙独一无二的最高主宰安拉及其意志，以求得两世的和平与安宁。信奉伊斯兰教的人统称为"穆斯林"（Muslim），意为"顺从者""和平者"。

伊斯兰教主要分为逊尼、什叶两大派系，此外还有艾巴德、苏菲等小派别。

逊尼派全称"逊尼和大众派"。"逊尼"是阿拉伯文的音译，意指穆罕默德的道路和教训，故该派被认为是伊斯兰教的主流派别，所以又称正统派。世界穆斯林人口中，90%属于逊尼派，中国穆斯林大多也属于这一派。

五、首都

首都德黑兰是一座位于厄尔布尔士山脉下的城市，市区分布在一片平原上，城郊东、西、北三面为厄尔布尔士山脉和成弧形状的丘陵。它巨大的高速公路网是整个西亚无以相比的，它也是伊朗的一个铁路枢纽。市内有许多知名博物馆、艺术中心、宫殿和文化中心。除波斯人，德黑兰还有阿塞拜疆人、亚美尼亚人、犹太人和阿富汗人居住。98.3%以上的居民说波斯语。

德黑兰是一座历史悠久的城市。早在公元9世纪初期，这里已成为居民住宅点，是当时的著名城市雷伊的郊区，为古代著名商道"丝绸之路"往来的歇脚之处。公元13世纪，因受到强大外族入侵，雷伊城惨遭破坏，随后德黑兰兴而代之，由于这里是伊朗北部东西向大道与通往南部大道的交汇点，于是在短时期内便成为一座中等规模的城市和贸易中心。

在伊朗房前屋后，马路两侧，带有喷泉的街心花园，随处可见到处都可以看到鲜花，闻到花香。居民酷爱种花、养花、赏花，许多生活较为富裕的家庭都在自己家门前辟出一块园地，种上花，形成一个小花园，因此，又有人把德黑兰称为"鲜花城市"。

六、国旗、国歌、国花

1. 国旗

伊朗国旗呈长方形，长与宽之比约为7∶4。自上而下由绿、白、红三个平行的横长条组成。白色横条在正中，镶嵌着红色的伊朗国徽图案。白色与绿色、红色交接处，分别用阿拉伯文写着"真主伟大"，上下各11句，共22句。这是为纪念伊斯兰革命胜利日——公元1979年2月11日，伊斯兰教太阳历为11月22日。国旗上的绿色代表农业，象征生命和希望；白色象征神圣与纯洁；红色表示伊朗有丰富的矿产资源。

2. 国歌

伊朗国歌为《伊朗伊斯兰共和国国歌》。

3. 国花

伊朗的国花为大马士革月季。大马士革月季叶片为灰绿色，花茎上有硬毛；开重瓣花，花瓣边缘颜色稍浅，有绸缎般的质感。纯粹、细致的花香使其冠压群芳，成为油用玫瑰中的上品，因而被广泛种植用以提取玫瑰油。大马士革玫瑰精油被认为是玫瑰精油的极品。

第二节　生活、文化礼仪

一、饮食

（一）饮食禁忌

伊斯兰教认为，安拉造化宇宙万物，创造了人类，为人类创造了大地上的一切，供人们享用，允许人们吃一切合法而又味美的食物。不过在食用可食之物时，不能过分和毫无节制。同时，伊斯兰教也禁食猪肉、自死物、动物血液、猛禽猛兽及诵非安拉之名而宰杀的动物；禁用包括酒在内的致醉和有毒的饮料。

（二）饮食特点

伊朗人的餐饮习俗独具风格。总体而言，他们爱吃面食，也吃米饭。对中国的大饼、咖喱三角饺、炸小包等食品比较喜爱。副食口味一般清淡，偏爱微辣，讲究菜肴量少质精，注重色香味形。当然，各地区也不尽相同。游牧地区的人们以牛奶、黄油、奶酪为主食；农业区的人们主食有面饼、米饭等；土库曼人最感兴趣的是羊头肉、羊脑和羊脚，认为其营养价值最高，常留给孩子吃。喝茶是伊朗人日常生活的重要组成部分，他们大多爱喝红茶，并喜欢在茶中加糖。按当地传统，土库曼人唱歌前必喝红茶，每逢节庆喜事，人们必定先喝红茶，然后载歌载舞。

伊朗人还有个奇特的习惯，即常以一种叫"马加拉特"的黏土为食，这种黏土市场上有出售，还被人们视为珍品。他们一般食量不大，喜欢素食，在餐桌上只备水杯和食盘，习惯用右手抓食。

二、着装

伊斯兰教在服饰方面的基本原则是顺其自然，不追求豪华，讲究简朴、洁净、美观。因此，禁止男性穿戴高贵服饰；禁止妇女显露美姿和妆饰；严禁改变人类原造的矫饰行为；严禁穆斯林穿外教服饰；禁止男女模仿。

伊朗国内的民族很多，每个民族都有自己的服装，但其样式大多比较简单，而且宽大，以适应温暖的气候。伊朗的男人一般穿不超过膝盖的长衫，腰围至脚面以上的围裤，头裹长长的包头巾。土库曼民族的女性穿灯笼裤，这种裤子裤脚很小，只能穿过小腿，以防风沙进入。她们还用大块布包头，外出时用的头巾大而厚，在家时小而薄。她们身上常佩戴许多饰物，有时还会把银币缝在衣服上做饰物。伊朗男子有的留胡须，女性一般要戴面纱。在德黑兰库姆一带，妇女普遍穿伊斯兰的标准服饰，用一块大黑布从头遮到脚，只露出眼睛和鼻子。现在，伊朗在妇女着装问题上已经不那么严格了，特别是在首都德黑兰，到处可见穿着绷得全身曲线毕露的小短风衣，头巾退在后脑勺上，脸部精心化妆过的时髦女子。

一般来讲，伊朗人忌讳穿黑色的衬衫，因黑色代表死亡。伊朗人只有在自己家人去世或者纪念伊玛目殉难的日子（阿舒拉节）才会穿黑色的衬衫。其他时间是绝对不会穿黑色衬衫的。因此与伊朗人见面时不要穿黑颜色的衬衫。

三、对外交往礼仪

（一）仪态礼仪

在伊朗，人们的言谈举止、体态表情是很有讲究的。在说话或跟对方正面而坐时，应将两手平放而不可双手交叉，如果双手交叉着说话，就会被认为态度傲慢，甚至被视为有意挑衅。在伊朗，微笑和点头实际上只是主人一种礼貌的表示，并不一定是表示同意。另外，由于他们洁身时多用左手，因而认为左手是不干净的，所以在接触、取物、递东西时不能用左手。在伊朗，不能对人竖大拇指。因为竖大拇指不是夸赞，而是骂人的意思，和美国人竖中指同义。

（二）见面礼仪

注重打招呼时的礼貌用语，是体现伊朗人良好素养的一个方面，人们相见时一般都要说"萨拉姆"（你好），甚至素不相识的人相见也是如此。他们尤其喜欢别人在打招呼时称他们的姓并加上学术或职务的头衔。伊朗人取名字的范围非常广泛，几乎没有任何限制，一般与伊斯兰教有关的名字较多，如穆罕默德（值得颂扬的）、马哈穆德（令人赞许）、拉苏尔（使者）、阿里（崇高的）、侯赛因（美好的）等。妇女的名字多用兹芭（美丽的）、法拉赫（快乐的）、帕尔旺娜（蝴蝶）等。女子出嫁后多保留娘家的姓名，现在称呼某某夫人时，也可以用丈夫的姓。对老爷、先生、少爷等称阿伽，对太太、女士称巴努和哈努姆，对小姐称杜希泽或阿兹拉，将人名后加个"将"字就变成昵称。

伊朗人在与宾客相见时，一般习惯以握手为礼，然后亲吻对方的双颊。由于等级观念很强，见面礼节也有区别，身份相同的人以互吻嘴唇为礼；身份稍低的人以吻面颊为礼；身份差距很大的人，则以一方俯拜在另一方面前为礼。在伊朗切记不要和异性握手，而且要和对方保持一定距离。但是男人们见面时会主动热情地亲吻对方，女人也是如此。

（三）商务礼仪

在伊朗，进行商业性会面时，递交名片是必要的，名片最好用波斯文，实在不得已，也可用英文。伊朗工商界人士好礼而讲究正式礼节。在商务会谈时直截了当，往往效果不佳，他们不习惯于对事情立刻做出抉择，往往要用很长时间琢磨对方话语间的意义。需注意的是，要避免在斋月访问当地，商务活动最好选在10月至次年4月，不要以洋娃娃作为礼物，否则会被误认为瞧不起他们信仰的宗教。

四、主要禁忌

伊朗人对婴儿的眼睛特别敏感，最忌讳别人议论婴儿的眼睛。他们忌讳左手递交物品，称左手为肮脏、下贱的手。禁食猪肉，不食自死、病死或未经阿訇、毛拉念经宰杀的牲口，也不吃外形可憎或不端正的动物的肉，忌吃无鳍无鳞的鱼。

伊朗法律禁止饮酒及含有酒精的饮料。所以，如果被机场查到您携带含有酒精的饮料入境是会被没收的。伊朗境内有一种不含酒精的啤酒，还有进口的无酒精香槟供人们饮用。

在伊朗千万别对人竖起大拇指，它的含义等同于英美等国家的竖中指。

五、相关英语表达

（一）交通工具

bus	公共汽车
driver	汽车司机
double decker bus	双层公共汽车

coach/motor coach	大客车
taxi/taxicab	计程汽车，出租汽车
trolleybus	无轨电车
tramcar/street car	电车，有轨电车
underground/tube/subway	地铁
stop	停车站
taxi rank/taxi stand	计程汽车车站，出租汽车总站
taxi driver/cab driver	出租车司机
conductor	售票员
inspector	检查员，稽查员
ride	乘车
minimum fare	最低车费
railway	铁路
track	轨道
train	火车
railway system/railway net-work	铁路系统
express train	特快
fast train	快车
through train	直达快车
stopping train/slow train	慢车
excursion train	游览列车
commuter train/suburban train	市郊火车
railcar	轨道车
coach/carriage	车厢
sleeping car/sleeper	卧车
dining car/restaurant car/luncheon car	餐车
station/railway station	车站
station hall	车站大厅
booking office/ticket office	售票处
ticket-collector/gateman	收票员
platform	月台，站台
to change trains at...	在（某地）换车
the train is due at...	在（某时）到达
to break the journey	中途下车

（二）服装英语

garments	服装
double-breasted suit	双排扣外衣

suit	西装
dress	女装，连衣裙
everyday clothes	便服
three-piece suit	三件套
dress coat	燕尾服，礼服
nightshirt	男式晚礼服
dinner jacket	无尾礼服
full dress uniform	礼服制服
frockcoat	双排扣长礼服

（三）西餐常见菜英语表达

sirloin steak	菲力牛排
crispy chicken fillet	脆皮鸡排
scallop	扇贝
cream squid	奶油鱿鱼
cream button mushroom	奶油香菇
black pepper chicken fillet	黑椒鸡排
black pepper pork steak	黑椒猪排
pork steak with black pepper	黑椒牛排
assorted set	什锦套餐
crispy bullfrog with black pepper	香脆黑椒牛蛙
braised oyster with cheese and chili	芝士培根焗生蚝
French goose liver	法式鹅肝
pan-fried salmon	香煎三文鱼
entrecote steak	肉眼牛排
T-bone steak	丁骨牛排
staple food	主食
fried rice with sea food	海鲜炒饭
fried rice with beef	牛肉炒饭
assorted fried rice	什锦炒饭
corn tortillas	玉米饼
vegetable salad	蔬菜色拉
milk-shake with chocolate and banana	朱古力香蕉奶昔
milk-shake with honey and Hamimelon	蜂蜜哈密瓜奶昔
mixed juice of carrot and orange	胡萝卜柳橙汁
mango juice	芒果汁
orange juice	柳橙汁
mixed juice of asparagus and pear	芦荟雪梨汁

cucumber juice with honey　　　　黄瓜蜂蜜汁
mixed juice of Hami melon and orange　　哈密瓜柳橙汁

【案例】

彼得是一家在华美国公司的总经理。陈俊是这家公司的一名中国经理，他在工作中出了点错，给公司带来不少麻烦，需要费力解决。陈俊对此感到很沮丧，来到彼得的办公室道歉。得到允许后，陈俊走进办公室，面带微笑地对彼得说："彼得，我对自己给公司带来的麻烦感到难过。我是来为自己犯的错误道歉的。真的很抱歉，我保证下次不会再发生这样的事。"陈俊一边说，一边看着彼得，脸上自进门起就带着微笑。彼得只觉得很难接受他的道歉，他看着陈俊，问道："你确定吗？"

"是的，我很抱歉，保证下次不会再犯了。"陈俊答道，脸上的笑容更明显了。

"对不起，我就是无法接受你的道歉。你看起来一点歉意都没有！"彼得生气地说。

陈俊的脸变得通红。他万万没有想到彼得会有这样的反应。他急切地解释说："彼得，"边说边努力挤出一些笑容，"相信我，对这件事，没有人比我感到更抱歉了。"

彼得到现在几乎要大发雷霆了，"你如果真是那样，怎么可能还笑得出来呢？"

【讨论】

1. 陈俊去向彼得道歉时，为什么会面带微笑？
2. 彼得对陈俊生气是合理的吗？为什么？
3. 在这个情况下，两个人对微笑的理解有什么不同？

【分析】

◎ 矛盾冲突

本案例所体现的矛盾非常明显，是由于肢体语言使用的文化差异而导致的误解。不同文化对于微笑的理解是不同的，尤其是在道歉这种特殊的语境下。陈俊向彼得道歉时，尽力微笑着说话以显示礼貌和诚意，而对于彼得来说，这种情况下微笑是不尊重的表现，也是缺乏诚意的表现。

◎ 原因分析

当陈俊表达歉意的时候，脸上的笑容使彼得怀疑他是否真心感到抱歉，以至于看着他追问了一句："你确定吗？"此时，陈俊并未意识到，他们之间的交流已经由于自己错误使用肢体语言而产生了问题，笑容更加明显地答道自己确实感到很抱歉并保证不会再犯同样的错误。彼得非常气愤地表示不能接受他的辩解。可想而知，陈俊的行为非但不能消除误解，取得彼得的谅解，反而进一步火上浇油，激怒了彼得。

在跨文化交流中，对肢体语言使用和理解的差异往往会导致许多问题。肢体语言包括手势、服饰、音调高低、微笑、沉默、对时间的不同观念及空间的使用等。笑容一般传达的是愉悦和友好的感情，可以表示欢迎、原谅、赞同、没有敌意等。在此案例中，对于中国人陈俊来说，微笑不仅仅只是快乐和友好的表示，也传递道歉与谅解的信息。同时由于中国人习惯用面部来遮掩感情，陈俊也有借微笑掩饰自己的不安和歉疚的习惯。而对于美国人，这种做法并不能被接受。微笑削弱了道歉的诚意，美国人强调真实直接地表达情感，内心感情与外在表现的统一。所以他们认为当一个人内心感到愧疚而致歉时，是不可能面带笑容的，否则只能说明道歉的真诚性值得怀疑。

【文化沟通】

要避免跨文化交际中由于肢体语言使用不当而造成交流上的障碍和误解，解决案例中出现的类似问题，必须提前了解对方国家的文化，了解同样的肢体语言在对方国家中是否有着同样的意义，尤其是对方文化中涉及礼节礼仪的肢体语言的含义，有何禁忌和特别需要注意之处。切不能想当然的套用自己文化中肢体语言的含义，否则就可能出现本案例中的尴尬情况。

【案例】

H公司是中国的一家大公司，从企业规模和产品质量上看都是国内同行业中的佼佼者。它的海外市场已经扩展到了世界上的很多地区，但是由于在和阿拉伯人做生意方面没有经验，它在中东地区的业务还是一片空白。

一天，一个来自迪拜的代表团访问了H公司，公司方面派出了陆先生作为代表接待了该团。由于迪拜代表团对公司产品表示了兴趣，双方便坐下来就产品进行谈判。

随着谈判的举行，陆先生对迪拜代表在谈判中的要求和表现感到很迷惑，他不是很理解为什么阿拉伯人每隔一小时就要中断谈判做祷告。

吃饭时间到了，公司为阿拉伯人准备了丰盛的午餐。当代表团成员都就座之后，服务员便开始用英语向他们介绍桌上的菜肴，他们都为这顿即将开始的丰盛午餐感到既新鲜又满意。但是，情况很快就变了。服务员竟然上了一盘非清真菜，这时，所有代表团成员脸上的笑容立刻消失了，个个都愤怒不已，坐在那儿一句话都不说。接下来，阿拉伯人集体从座位上站了起来，离开了餐桌。虽然当时一起参加午餐的还有当地的一些重要客商，但是迪拜代表团离桌时没有和任何人道别。就在同一天，代表团没有通知H公司便离开了公司所在的城市。

几天之后，陆先生收到了坏消息：他所接待的那个迪拜代表团同他们的竞争对手C公司签了合同，而合同的内容和他们当时谈判的完全一样。为此，陆先生受到了上司严厉的指责，说他工作不力，把好好的机会输给了竞争对手。

三天之后，陆先生采取了下面的措施：

（1）启动了一个培训项目，对象是包括餐厅服务员在内的所有参与对阿拉伯商人进行接待和交流的人员；同时，邀请几位教授开设了伊斯兰文化和习俗的专题讲座。

（2）邀请了阿拉伯语教师对服务员进行语言培训，使她们可以和阿拉伯客人进行简单的直接交流。

（3）开设了一个专门提供阿拉伯菜肴的独立餐间。

（4）在会议室边上开设了一个专为阿拉伯客人举行祷告的房间，里面地板上还铺设了祷告用的地毯。

（5）在卫生间准备了阿拉伯人在祷告前可以用来擦手的小毛巾。

半年后，H公司在中东已经有了五个客户。所有的这些客户都去过H公司，公司在对待伊斯兰文化和习俗上所表现出来的理解和尊敬给他们都留下了深刻的印象。从此，该公司在中东的市场份额便一直持续增长。

【讨论】

1. 在进行商务谈判时，迪拜客人与H公司之间产生了什么问题？
2. 在国际商务谈判中，民族文化起了什么作用？
3. 你怎么看待陆先生的行为？在与来自不同文化背景的客户谈判前，公司应该做些什么？

【分析】

◎ 矛盾冲突

案例讲述的是来自中东的迪拜代表团对中国H公司的产品感兴趣，双方开始进行谈判，在谈判过程中，H公司的陆先生对迪拜代表团的举动感到非常困惑，而迪拜一方也不满中方的表现，致使H公司无奈地看着花落他家。

在谈判过程中，迪拜代表团总是隔一个小时打断谈判一次，去洗手间洗手和洗脸，然后回来跪在地上做祷告，而H公司的L先生对此不能理解，在商务谈判中怎么能花这么多的时间做祷告呢？而迪拜代表团的人也会抱怨在洗手间连毛巾都不准备。

最糟糕的是双方在共进午餐时，餐桌上居然有猪肉，服务员还为此专门进行介绍，迪拜代表团不顾有众多当地重要客人在场，愤然离席，最后和H公司的竞争对手C公司签订合约。之后陆先生做了很多弥补工作，包括对公司员工进行阿拉伯文化的培训，效果不错。

◎ 原因分析

双方谈判之所以会破裂，主要原因是中方不懂阿拉伯的宗教、历史和文化传统。来自两个国家的公司进行谈判不只是解决了语言问题就万事大吉了，更重要的是要了解对方的宗教、历史和文化传统。本案例中，迪拜来自中东地区，信仰伊斯兰教。伊斯兰教对阿拉伯人在经济、政治和日常生活都有很大影响，他们在一天之中要祷告多次，以示对真主的尊重，甚至在重要的商务谈判时也不例外。而中国的陆先生却对伊斯兰教在阿拉伯国家经济生活中的影响一无所知，他才对迪拜人不时打断谈判显得有点不耐烦。

午餐非常丰富，开始迪拜人对受到的款待也很满意，但糟糕的是餐桌上居然有猪肉，信仰伊斯兰教的人是禁止食用猪肉的，这是他们的大忌。H公司正是犯了这个禁忌，迪拜人认为H公司不尊重他们的宗教信仰，所以生气地离开并拒绝和H公司继续合作。

【文化沟通】

来自不同国家或有不同宗教信仰的民族进行商务谈判时，双方都应该对彼此的宗教、历史和文化传统有所了解，这样才是保证谈判能顺利进行的前提。就本案例来讲，不仅要解决语言问题，重要的是中方公司应该对伊斯兰文化有些了解，正如谈判失败后，H公司的陆先生所采取的一系列措施就对后来和阿拉伯国家的人进行合作奠定了良好的基础，包括：对要和阿拉伯商务人员进行交流的公司员工和服务员进行培训，使他们对伊斯兰文化和传统有所了解；为阿拉伯人准备专门的餐厅，备有专门的食谱；为他们准备专用房间进行祷告；在洗手间准备毛巾等。这样做显示出公司很尊重对方的宗教信仰，双方合作自然顺利了很多。

模块四 / 工作交流

第八章　学习情境——哈萨克斯坦

中国 N 公司出口机车到哈萨克斯坦，并派出中方技术人员王强到哈萨克斯坦就产品的使用与维护对当地工人进行技术培训。

作为培训方的中方职员，王强应该做好怎样的培训前准备，以及如何在会上进行自我介绍、产品介绍，就工作任务与外方职员进行沟通，保证工作的顺利完成。

【任务引入】

作为中方的技术人员，王强将前往哈萨克斯坦，对当地的工人提供技术协助并培训他们。王强应该做好什么样的准备工作，才能顺利完成此次的培训任务呢？

【任务分析】

哈萨克斯坦是一个中亚内陆国家，祖先为游牧民族，因此文化与中国汉文化有着很大不同。王强不但要做好技术上的准备，还需要提前了解哈萨克斯坦的风俗与禁忌，并对其社会生活习惯有一定的认知。

【任务】

（1）了解哈萨克斯坦的基本地理知识。
（2）了解哈萨克斯坦的文化禁忌。
（3）了解哈萨克斯坦人的工作态度。

第一节　哈萨克斯坦概况

一、地理位置

哈萨克斯坦全称哈萨克斯坦共和国（The Public of Kazakhstan），位于亚洲中部，是世界上最大的内陆国。北临俄罗斯，南与乌兹别克斯坦、土库曼斯坦、吉尔吉斯斯坦接壤，西濒里海，东接中国。

二、面积与人口

截至 2012 年 1 月 1 日，哈萨克斯坦人口为 1 667.54 万，其中，男性 804.3 万，占 48.2%，女性 863.24 万，占 51.8%，人口数量在独联体国家中位居第四位，前三位分别为俄罗斯，乌克兰和乌兹别克斯坦。哈萨克斯坦是多民族国家，由 131 个民族组成，主要有哈萨克族（53%）、俄罗斯族（30%）、日耳曼族、乌克兰族、还有乌孜别克族、维吾尔族和鞑靼族。居民大多信奉伊斯兰教（逊尼派），还有东正教、基督教、佛教。哈萨克斯坦国土面积为 272.49 万平方千米，位居第二位，仅次于俄罗斯，人口密度为 6 人/平方千米。

三、宗教

哈萨克斯坦多数居民信奉伊斯兰教，此外还有东正教、基督教、佛教等。

四、语言和文字

哈萨克语为国语。俄语在国家机关和地方自治机关与哈语同为正式使用的语言。

五、行政划分

全国共分为 14 个州，2 个直辖市。首都为阿斯塔纳（Astana），位于哈萨克斯坦北部。阿斯塔纳原名阿克莫拉（Akmola），1997 年 12 月 10 日正式取代阿拉木图（Alma-ata）成为首都，1998 年 5 月 6 日改为现名。

六、国旗、国花、国歌

1. 国旗

国旗呈长与宽之比为 2∶1 的横长方形。底色为浅蓝色，旗面中间是一轮金色的太阳和一只展翅飞翔的雄鹰。靠旗杆一侧有一个垂直的金色花纹图案。浅蓝色是哈萨克斯坦人民喜爱的传统颜色，金色太阳象征光明和温暖，雄鹰象征勇敢。哈萨克斯坦于 1991 年 12 月独立后采用此国旗。

2. 国花

国花是郁金香。

郁金香在植物分类学上，是一类属于百合科郁金香属的具鳞茎草本植物，又称洋荷花、旱荷花、草麝香、郁香（《太平御览》）、红蓝花、紫述香（《本草纲目》），原产地从南欧、西亚一直到东亚的中国东北一带，为人熟知的外销大国荷兰初次引进郁金香是在 16 世纪末，因生长地区纬度不同而花期各异，普遍在 3 月下旬至 5 月上旬。虽然全世界约有 2 000 多个郁金香品种，但大量生产品种大约只有 150。

3. 国歌

国歌是《我的哈萨克斯坦》。

第二节 生活、文化礼仪

一、对外关系

哈萨克斯坦奉行多元平衡外交，重视发展与俄罗斯、中国、中亚邻国、美国、欧盟和伊斯兰国家的关系，同时扩大同亚太国家的交往。

1991年12月27日，中国承认哈萨克斯坦独立。1992年1月3日，中哈正式建交。2005年7月，中哈建立战略伙伴关系。中国是哈萨克斯坦对外政策优先方向之一。

二、日常社交礼仪

哈萨克人极其重视文化礼貌。待人接物的信条是："对长者要尊重，对幼小要搀扶，对友人要虔诚。"常用的见面礼节有：其一，握手礼。其二，亲吻礼。它个别应用于亲朋挚友之间。其三，注视礼。它是夫妻之间在大庭广众之前所采取的见面礼节。其四，屈膝礼。哈萨克妇女面对对方，欠身屈膝。其五，抚胸礼。碰到尊长或招待来宾时，哈萨克人的传统礼仪，是右手按胸，躬身约30度左右施礼。哈萨克人有两个奇特礼节：第一，哈萨克人在与别人会晤或者交谈时，大都禁忌脱去帽子。被戏称为"戴帽礼"；第二，哈萨克人在问候别人之时，通常都是首先问候对方"畜生安然"，接下来才会问候对方"全家安全"。

三、家族观念

哈萨克斯坦人的家族观念很强，子女定期探望父母，家族所有人在主要节假日时要相聚。哈萨克斯坦人口总量不大，人与人之间比较注重结识和交往，并经常以兄弟姊妹相称。哈萨克斯坦人重亲情和友情，因此在哈萨克斯坦从事商务经营，人脉是十分重要的。

四、民间禁忌习俗

在哈萨克斯坦人家里做客时，一般是在毡房内席地盘腿而坐，不可脱鞋，并注意不要伸直两腿。在饮食上，哈萨克斯坦人不吃猪肉，也不食动物血。进入教堂时，男士不得穿短裤，女士不得穿暴露服装。在日常生活中，应注意不能跨过拴牲畜的绳子，不能跨过吃饭用的餐布。

哈萨克人最爱好绿色，认为绿色象征着踊跃向上，能够给人们带来吉利与幸福。哈萨克人最喜欢猫头鹰。在他们看来，猫头鹰不仅仅是一种益鸟，而且还象征着英勇和勇往直前。在日常生活里，哈萨克人往往将猫头鹰的羽毛或图案作为可贵之物，而忌讳猪、狗及其毛皮制品或图案。哈萨克人特别禁忌用脚去踢羊，或是用脚去踩、踏动物和食盐。哈萨克人从来讲究"右高左低"。因而，人们出门、进门要先迈右腿，服务、致礼要使用右手，就连穿衣服也要先伸右胳膊、右腿。用左手接触别人，是被禁止的。

五、社交与工作

在哈萨克斯坦的工作场所,上下级关系非常严格。在正式场合,对上级一定要用尊称或头衔(尽管可能是熟人或老朋友),对于老人也尽可能用尊称,对于下属和年轻人,则可以直接叫名字或简称。在衣着方面,无论有没有经济条件,出门参加正式场合的衣物都十分考究。哈萨克斯坦的公共场合,如会场、餐馆、办公室等一律禁止吸烟。如果要吸烟,就要到户外。另外,他们没有让烟的习惯,自己从怀里拿出来自己抽。你跟熟人要支烟,或者给他让支烟,他也不会介意。在阿拉木图,年轻女性抽烟的较多。和俄罗斯族相似,哈萨克斯坦男人爱喝酒,但聚会时不劝酒。

第九章　学习情境——泰国

　　中国N公司出口机车到泰国，并派出中方技术人员郭林到泰国就产品的使用与维护对当地工人进行技术培训。

　　作为培训方的中方职员，郭林应该做好怎样的培训前准备，以及如何在会上进行自我介绍、产品介绍，就工作任务与外方职员进行沟通，保证工作的顺利完成。

【任务引入】

　　郭林被公司作为技术专家派往泰国合作公司，前去给当地技术人员进行出口机车技术培训和指导。他要与当地人面对面的直接交流，除了克服语言的障碍以外，还应当从文化等方面进行学习，顺利与泰国技术人员沟通。

【任务分析】

　　泰国是一个佛教国家，存在很多与中国不同的文化礼仪。郭林需要对当地人的文化、礼仪和禁忌有个事前的了解，以避免在交流过程中造成误会，甚至导致工作中的交际失败。

【任务】

（1）了解泰国的基本人文地理知识。
（2）了解泰国的民俗、礼仪及禁忌。
（3）了解泰国的饮食文化。

第一节　泰国概况

一、地理位置

　　泰国全称泰王国（The Kingdom of Thailand），位于中南半岛中南部。东北部与老挝相邻，东南部与柬埔寨相邻，西北与缅甸接壤，南面濒泰国湾（太平洋）并与马来西亚接壤，西南濒安达曼海（印度洋）。

　　泰国与北京的时差是1小时，比北京时间晚1小时。

二、面积与人口

　　泰国国土面积513 115平方千米，人口约6 740万。全国共有30多个民族。泰族为主要民族，占人口总数的 40%，其余为老挝族、华族、马来族、高棉族，以及苗、瑶、桂、汶、克伦、掸、塞芒、沙盖等山地民族。泰语为国语。94%的民众信仰佛教，马来族信奉伊斯兰教，还有少数民众信仰基督教、天主教、印度教和锡克教。

三、语言

泰语为国语。英语为通用语言。

四、宗教

佛教是泰国的国教，94%的居民信仰佛教；马来族信仰伊斯兰教；还有少数人信奉基督教新教、天主教、印度教和锡克教。

五、行政划分

全国分中部、南部、东部、北部和东北部五个地区，共有 76 个府，府下设县、区、村。曼谷是唯一的府级直辖市。各府府尹为公务员，由内政部任命。曼谷市长由直选产生。

六、国旗、国歌、国花

1. 国旗

国旗呈长与宽之比为 3：2 的长方形，并由 5 个横长方形平行排列构成。中间的长方形为蓝色，两边的长方形分别为白色和红色，且上下对称分布。红色代表民族，象征各族人民的力量与献身精神。白色代表宗教，象征宗教的纯洁。蓝色代表王室，蓝色居中象征王室在各族人民和纯洁的宗教之中。

2. 国歌

国歌是《泰王国歌》。

3. 国花

国花是睡莲。泰国民间传说中，睡莲是山林沼泽中的女神。

七、首都

首都曼谷（Bangkok）是泰国最大的城市，也是全国政治、经济、文化中心。曼谷原意为"天使之城"，由于地势较低，河流众多，因此又被称

为"东方威尼斯"。曼谷人口800万，约占全国人口的12%。全国的主要工业和对外贸易大部分集中在曼谷，全国大部分高校也集中在曼谷。同时，曼谷也是世界著名的旅游城市之一。

八、泰国简史

历史上，泰国称为暹罗。大约5000年前，泰国所在的地区就有人类居住。1238年开始形成较为统一的国家素可泰（意思是"幸福的黎明"）。13世纪末，素可泰成为湄南河流域最大的王国。其最有名的一位国王是拍坤兰甘亨，他创制了泰国今天的文字，主张向中国学习，并两次来到中国。

后来，泰国又经历了大城王朝、吞武里王朝和曼谷王朝。1782年，曼谷王朝第一位国王拉玛一世将王室都城从吞武里迁到曼谷，并开始建造大王宫。

早在16世纪，葡萄牙、荷兰、英国、法国等殖民主义者就先后入侵泰国。19世纪中期，拉玛四世国王与英国签订条约，同意开放港口，与外国通商，并开展了许多社会和经济改革。拉玛四世国王是泰国历史上第一位接受西方学术思想的国君，他精通佛学，重视科学，知识广博。他还通晓多种语言，是第一位准许平民亲近的国王。即位的拉玛五世（即泰国史上著名的朱拉隆功大帝）继续进行改革，他废除奴隶制度，兴建学校、博物馆、图书馆，发展道路系统，创办邮电局，并在国内修建了第一条铁路。

1896年，英法签订条约，间接使暹罗成为东南亚唯一没有沦为殖民地的国家。

1932年，泰国开始实行君主立宪，颁布宪法。1939年，暹罗更名为泰国。1941年，泰国被日本占领，泰国宣布加入轴心国。第二次世界大战后，泰国恢复暹罗国名，1949年又正式定名泰国。

九、货币

货币名称为泰铢。

第二节 生活、文化礼仪

一、泰国民俗

1. 姓名称谓

第一次世界大战以前，泰国人是只有名字而没有姓氏的。战后拉玛六世国王宣布，每个人都可以有姓，因此至今泰国人虽然有姓，但很少用，通常只叫名字。称呼人名时，泰国人通常在名字前加一个"坤"（Khun）字，无论男女均可用，表示"先生""夫人""小姐"之意。在泰国公司内，职员们经常以"Pee"（兄、姐）和"Nong"（弟、妹）相称，给人一种亲切的感觉。

2. 服饰

泰国男子的传统民族服装是绊尾幔纱笼和帕农纱笼。绊尾幔是用一块长约3米的布包裹双腿，再把布的两端卷在一起，穿过两腿之间，塞到腰背处。穿上以后，很像我国的灯笼裤。由于纱笼下摆较宽，穿着舒适凉爽，因此它是泰国平民中流传最长久的传统服装之一。帕农是一种用布缠裹腰和双腿的服装。泰国女子的传统服装是筒裙，曼谷王朝拉玛六世时期开始流行。泰国人喜爱红色、黄色，禁忌褐色，所以人们的服饰都使用鲜艳的颜色。

3. 饮食

泰国人以大米为主食，副食主要是蔬菜和鱼。泰国人爱辛辣，喜欢在菜肴里放鱼露和味精，但不喜欢酱油，不爱吃红烧食物，也不在菜肴里放糖。泰国民族风味咖喱饭，是用大米，肉片（或鱼片）和青菜调以辣酱油做成的。泰国人爱吃鱼、虾、鸡、鸡蛋等，一般不爱吃牛肉，不喝酒。用餐顺序没有讲究，随个人喜好。餐后点心通常是时令水果或用面粉、鸡蛋、椰奶、棕榈糖做成的各式甜点。泰国菜色彩鲜艳，红绿相间，视觉极佳，可让人们大饱眼福。

鱼、虾、蟹是泰国各餐馆的主打，堪称泰国烹饪技术代表的是烧烤食品，有烤肉、烧鸡腿、烤鱼、烤龙虾、烤海蟹，还有烤香蕉、烤山芋、烤鸡蛋等。在泰国北部的清迈，还有令人难忘的"康笃"晚餐。晚会上的主人和客人都必须穿靛青色的无领上衣，男的腰间还要系一条布料围巾。进入餐厅时，每人还必须脱去鞋子。餐厅里没有凳子，只有一张小圆桌，称之为"康笃"。主人进入餐厅后，每五六人围成一圈，席地盘膝而坐，餐具摆在地面上。宴会开始时先喝清凉饮料，然后上饭菜，菜肴都属名菜，饭是糯米饭，放在竹篓中，用手抓捏成团吃。一边吃，一边欣赏民间音乐和民族舞蹈。

二、礼仪禁忌

1. 日常礼仪

泰国人以热情好客著称，喜欢微笑，历来以"微笑国度"闻名于世。给客人戴花环和花串是泰国民间的一种尊贵礼仪。

泰国人问候的方式是双手合十，置于胸前，然后礼貌地点头鞠躬。双掌举得越高，表示尊敬程度越深；平民百姓见国王要举过头顶；晚辈对长辈，双手合十于前额；平辈之间，双手举至鼻子高度；长辈对晚辈，双手举至胸前即可。地位较低或年纪较轻者应先合十致意。别人向你合十，你必须还礼，否则就是失礼。握手礼只在政府官员和知识分子中流行，男女之间不握手。

与别人谈话时不得戴墨镜，不能用手指着对方说话。从别人面前走过时必须躬身，表示不得已而为之的歉意。学生从老师面前走过时，必须合十躬身。泰国人喜欢数字9，因9的发音吉祥，有兴旺发达之意，故请客多请9人。

路遇僧侣应主动让路，晴天遇到僧侣必须绕开其身影。

2. 民间禁忌

泰国忌对佛教、佛像和僧侣有不敬行为。不可施舍现金给僧侣（触犯戒律）。购买佛饰不能说"买"，要说"求租"。不要触摸佛像，不要爬上寺院内外的任何一尊佛像。不能手指僧侣。女性应避免触碰僧侣，即使是轻微触碰也不行；如有东西要转交僧侣，应先交给其他在场男性，再由他转交给僧侣。佛日禁止杀生。

　　头是人身上最高的部位，泰国人忌讳触碰人的头部，即使是友善的表示也不行，小孩的头也不能触碰。脚是人身上最低的部位，用脚指人或物被视为是极度不礼貌的行为。长辈在场时，晚辈必须坐在地上或跪坐，以免高于长辈头部。不能将物品从人头上掠过。睡觉时头不朝向西面，因为尸体头部朝西停放。泰国人建筑房屋时，也习惯坐北朝南或坐南朝北，而不朝西。

　　递物品应用右手，因泰国人用右手吃饭，左手拿不洁之物；由于写死人姓氏用的是红颜色墨，因此绝不用红色签名；进入泰国人家里要脱鞋，不能踩门槛；交谈时忌讳双脚交叉；盘腿而坐时，不能脚心对人；在人经常走过的地方，如门口、房顶等禁止悬挂衣物，特别是内裤和袜子之类；在某些农村，忌赞美别人的小孩长得漂亮。

　　泰国禁赌，即使在酒店房间里也不能玩牌或打麻将。

第十章　学习情境——加拿大

湖南 Y 集团公司拟接待一个来自加拿大合作公司的团队，王磊作为负责人员需为接洽和会议做准备以及在会上进行自我介绍、产品介绍，并就工作任务与外方职员进行沟通。

【任务引入】

湖南 Y 集团公司将与来自加拿大的某公司合作，准备举行一次正式的会议。参加会议的有集团公司的领导和项目负责人，以及加拿大公司的洽谈人员。王磊是第一次负责这样的正式会议，而且是接待外宾，他的内心既紧张又充满期待。

【任务分析】

王磊初次负责正式的涉外商务洽谈，不是很了解加拿大的文化与习俗。因此他对于应该如何着装，如何就餐，如何与他人在宴会上接触等礼仪存在着一些不了解的地方，所以，他需要对相关文化礼仪做事前学习和了解。另外，出席正式宴会和作为接待方，王磊当然要着正装和提前到达。

【任务】

（1）了解加拿大的基本人文地理知识。
（2）了解国际上商务场合的着装礼仪。
（3）了解国际上商务场合的交往礼仪。
（4）了解出席自助餐宴席时的就餐礼仪。
（5）了解加拿大文化禁忌。
（6）掌握一定相关的英语词汇。

第一节　加拿大概况

一、位置

加拿大是北美洲最北的一个国家，西抵太平洋，东至大西洋，北滨北冰洋。加拿大东北方和丹麦领地格陵兰相望，东部和法属圣皮埃尔和密克隆群岛相望，南方及西北方与美国接壤。海岸线长约 24 万千米，是世界上海岸线最长的国家。

二、面积与人口

加拿大国土面积达 998 万平方千米，为全世界面积第二大国家，若不含水域而仅以陆地面积计算，位居世界第四。全国人口约 3 411 万，城市人口占总人口的 69.1%。在多伦多、蒙特利尔和温哥华这三个城市居住的人口占总人口的 35%。加拿大人口主要为英、法等欧洲后裔，土著居民（印第安人、米提人和因纽特人）约占 3%，其余为亚洲、拉美、非洲裔等。来自印度、巴基斯坦和斯里兰卡的南亚移民人口达到 130 万，超过华裔成为加拿大最大的少数族裔。华裔人口中 25% 的人是在加拿大本土出生的，其余大部分来自中国本土。现有华人约 145 万。英语和法语同为官方语言。居民中信奉天主教的占 45%，信基督教新教的占 36%。

三、语言

加拿大的官方语言为英语和法语。英语和法语在联邦法院、议会以及任何联邦机构中享有同等地位。2 410 万加拿大人以英语为第一语言，占总人口的 75%；770 万加拿大人以法语为第一语言，占总人口的 23.2%；580 万加拿大人能讲两种官方语言，占总人口 17.5%，60 万加拿大人不会讲任何一种官方语言，占总人口 1.8%。

加拿大是多语言国家，至少有 200 种语言在加拿大有一定使用人口。根据 2011 年人口统计，680 万加拿大人的母语不是英语或者法语，占加拿大人口的 20.6%；410 万加拿大人的家庭语言既不是英语也不是法语。在这些常用的非官方语言中，汉语使用人数最多，为 107 万加拿大人的母语。其他使用人口超过 40 万的语言分别为旁遮普语（430 705）、西班牙语（410 670）、德语（409 200）和意大利语（407 490）。

原住民使用的语言被称为第一语言，包括许多仅存在于加拿大的语言。这些语言分属 11 个大类，可以被细分为超过 65 种语言和方言。在这语言里，仅有克里语、因纽特语和奥杰布瓦语有大量流利使用的人口，也只有这三门语言被认为在将来很长一段时间内不至于消失。努纳武特和西北地区赋予了原住民语官方语言的地位，因纽特语是努纳武特最常用的语言。

四、宗教

加拿大无国教，宪法保障宗教信仰自由。基督教是信徒最多的宗教。根据 2001 年人口统计，全国 77% 的人自我认同为基督徒。天主教是基督教中最大的教派，教徒约占总人口的 43.6%，加拿大联合教会为新教最大的教派，教徒占总人口的 9.5%，紧随其后的有英国国教、浸礼会和路德宗。伊斯兰教和犹太教是信徒仅次于基督教的两大宗教，分别占总人口的 2% 和 1.1%。全国 16.5% 的人表示没有宗教信仰。

五、自然环境

加拿大东部为丘陵地带，南部与美国接壤的大湖和圣劳伦斯地区，地势平坦，多盆地。

西部为科迪勒拉山区，是加拿大最高的地区，许多山峰在海拔 4 000 米以上。北部为北极群岛，多系丘陵低山。中部为平原区。最高山洛根峰位于西部的洛基山脉，海拔为 5 951 米。加拿大是世界上湖泊最多的国家之一。因受西风影响，加拿大大部分地区属大陆性温带针叶林气候。东部气温稍低，南部气候适中，西部气候温和湿润，北部为寒带苔原气候。北极群岛终年严寒。中西部最高气温达 40℃以上，北部最低气温低至-60℃。

六、国旗、国歌、国树、国鸟

1. 国旗

加拿大国旗呈横长方形，长与宽之比为 2∶1。旗面中间为白色正方形，内有一片 11 个角的红色枫树叶；两侧为两个相等的红色竖长方形。白色正方形代表加拿大辽阔的国土，加拿大很大面积的国土全年积雪期在 100 天以上，故用白色表示；两个红色竖长方形分别代表太平洋和大西洋，因加拿大西濒太平洋、东临大西洋；红枫叶代表全体加拿大人民，加拿大素有"枫叶之国"的美誉，枫树是该国的国树，枫叶是加拿大民族的象征。

2. 国歌

加拿大的国歌由卡力沙·拉瓦雷作曲、阿多尔夫·贝西·卢提尔作词，1880 年首次被演唱。国歌的歌词原先只有法文，1908 年，罗伯特·斯坦利·维尔写了英文词。1980 年 7 月 1 日，加拿大政府宣布《啊，加拿大》为正式国歌，并在首都渥太华举行了国歌命名仪式。因此，加拿大的国歌有英、法两种歌词。

3. 国树

加拿大以枫树为国树，枫林遍及全国，素有"枫叶国"之美誉。枫叶作为加拿大的标志可以追索到 1770 年前后。加拿大有十多种枫树，最著名的是糖枫和黑枫。魁北克省和安大略省是枫林最多的两个省。枫叶象征着团结、忍耐与和平，所以加拿大人以枫叶为国树和国旗上的标志，以彰显其热爱和平、团结与坚韧的国民精神。1860 年，枫叶作为加拿大的国家标志和友好象征，首次出现在欢迎外国贵宾的正式场合。1869 年，安大略省和魁北克省将枫叶图案漆在枪身上，使枫叶首次以固定图案出现在实物上。第一次世界大战时，枫叶还被作为表明加拿大士兵国籍的图案。

4. 国鸟

加拿大黑雁是加拿大的国鸟，为鸭科黑雁属的鸟类，中等体型，为典型的冷水性海洋鸟，耐严寒，喜栖于海湾、海港及河口等地。飞行时有时呈斜线飞行，有时呈"V"字形，很不规则。主要以青草或水生植物的嫩芽、叶、茎等为食，也吃根和植物种子，冬季有时还吃麦苗等农作物的幼苗。迁徙时常集成大群，白天飞翔，傍晚降落到湖泊等水域休息和觅食，常常发出高叫声，极为嘈杂。

七、行政区划

加拿大为联邦制国家,全国分十个省和三个地区。每个省和地区都有一个单院议会。省和地区之间的主要区别有:省是根据宪法条约所设立的,而地区是据联邦法律所设立的;地区由联邦政府直接管辖,省则由各省所立的政府管辖;女王在各省的代表称副总督,在特区的代表称专员;省政府实施内阁制,省长称为该省的总理,省在医疗保险、教育及社会福利等方面拥有相当大的自治权,而地区多数事务由联邦政府直接管理。

十个省分别为:艾伯塔省,1905年从西北地区分离成立;不列颠哥伦比亚省,1871年加入联邦;马尼托巴省,1870年从西北地区分离成立;纽芬兰与拉布拉多省,1949年加入联邦;新不伦瑞克省,1867年加入联邦;新斯科舍省,1867年加入联邦;安大略省,1867年加入联邦;爱德华王子省,1873年加入联邦;魁北克省,1867年加入联邦;萨斯喀彻温省,1905年从西北地区分离成立。

三个地区分别为:努纳武特,1999年从西北地区分离成立;西北地区,1870年加入联邦;育空地区,1898年从罗伯特领地分离成立。

八、首都

加拿大首都为渥太华(Ottawa),地处安大略省。首都地区(包括安大略省的渥太华市、魁北克省的赫尔市和其周围城镇)人口112.89万,面积4 662平方千米,是加拿大政治文化中心。作为加拿大第四大城市,无论从城市规模还是国际知名度看,渥太华都比不上多伦多、温哥华和蒙特利尔。但独特的文化个性、优美的城市风光、闲适的生活情调,使渥太华不仅受到加拿大人民的钟情,而且成为世界人民旅游观光向往的城市之一。

第二节 生活、文化礼仪

一、出行

1. 出租车

出租车(taxi或称cab,有时也称taxicab)在加拿大街头随处可见,招手即停。你还可以按黄页打电话给出租汽车公司叫车,或者提前预约,出租车可按照约定的时间地点等候。出租车起步费为3加币,每公里1.75加币。除了车内计价器上显示的车费外,一般还要另给小费(10%~15%左右)。一般来说,除了有特殊事件,加拿大人很少用到出租车。尤其是家庭轿车很普及,街上的出租车没有中国那么多。在加拿大,几乎任何地点都需要打电话到出租车公司叫车,特别是当你需要准时赴约时。

还有一种租车行(Car Rental),把车租给私人,按天或按月计价。这种形式适合短期旅游或跑长途。租车时用身份证件即可,不需要押金。每天30多加币起价,时间长还可以优惠。有的租车行对每天的行程有限制,有的无限制。这种出租车一般为1年以内的新车。租、还车时,要留心车是否有损坏。租车时油是加满了的,还车时也要把油加满。

2. 地铁、地面电车及巴士

多伦多、蒙特利尔和温哥华的地铁系统良好，并不拥挤。有趣的是，蒙特利尔和多伦多的地铁都是为了之前的世博会而建造的。地铁从早上5点一直运营到凌晨1点至1点半，车费从2.75加币起。这三个城市都有连接市中心和郊区的城际火车。城际火车和一般火车系统是一样的（必须提前订票），但这些火车在高峰时间班次比较多。

加拿大各大主要城市都有公交系统，多伦多和温哥华有一些电车，卡尔加里、埃德蒙顿和渥太华都有轻轨系统。加拿大灰狗巴士公司也有长途巴士。学生持学生证乘坐巴士、地铁通常有学生折扣。

3. 火车

加拿大国家火车叫VIA铁路，铁路系统能连接所有的主要城市，在比较拥挤的东部城市最为有用。VIA有两种级别的座位：经济座位和商务座位。但经济座也已经相当宽敞舒适了。商务座位除了座位较大外，还有一顿热餐。火车上可以付费使用无线网络，但笔记本可以免费使用插座。然而，加拿大没有高速火车，从多伦多到蒙特利尔需要5小时，从温哥华到多伦多要花上4天，可以欣赏沿途的上水湖泊及森林风景。

4. 轮船

在温哥华和不列颠哥伦比亚省其他地方，轮渡是一项主要交通工具。不列颠哥伦比亚省的轮渡是从温哥华到维多利亚的主要交通方式，当地的公交公司负责轮渡的接驳。

二、加拿大人的穿衣习惯

加拿大人的穿衣习惯与其他西方国家相同。在正式的场合，如上班、去教堂、去赴宴、观看表演等，都要穿着整齐，男子一般穿西装，女子一般着裙装。女子的衣服一般比较考究，款式要新颖，颜色要协调。非正式场合则比较随意。

三、对外交往

（一）社交礼仪

加拿大人在社交场合与客人相见时，一般都惯行握手礼。亲吻和拥抱礼虽然也是加拿大人的礼节方式，但它仅适合于熟人、亲友和情人之间。与美国人相比，加拿大较为保守。见面与分别时握手是合宜的。如果你在私人家里受到款待，礼貌的做法是给女主人带去鲜花或送去鲜花。不要送白色的百合花，因为它们是与葬礼联系在一起的。在谈话中不要偏袒分裂主义——把加拿大分成讲法语和讲英语的两个国家。

加拿大人大多数信奉新教和罗马天主教，少数人信奉犹太教和东正教。他们忌讳"13""星期五"，认为"13"是厄运的数字，"星期五"是灾难的象征。他们忌讳白色的百合花，认为它会给人带来死亡的气氛，因为人们习惯用它来悼念故人。他们不喜欢外来人把他们的国家和美国进行比较，尤其是拿美国的优越方面与他们相比，更是令人不能接受。在饮食上，他们忌吃虾酱、鱼露、腐乳和臭豆腐等有怪味、腥味的食物；忌食动物内脏和脚爪；也不爱吃辣味菜肴。

加拿大人时间观念强,甚至有时候以秒来计算,约会要事先约定,准时赴约。公务约会一般在餐馆,执行会一般在饭店、俱乐部举办。加拿大人半开玩笑地说,是因为寒冷的天气让他们变得如此守时。

在加拿大较正式的场合,约定的会见、谈判、会议时间,不论宾主都要严格遵守,"过时不候"是约定俗成的。不仅开始时间一丝不苟,结束的时间也毫不含糊,许多正式会议,其每项议程的起始时间安排,都精确到秒,而且很少出问题。

会议如此,工作也是这样。加拿大工作节奏并不是很快,许多时候员工甚至可以自己选择合适的上班时间,但一旦"敲定"就得按时到达,否则就可能因为自身过失的原因被解职,而且会一直背着个不良记录。上班守时,下班也一样,如果下班钟一响,一个员工把手里做了一半的工作扔下就走,那是谁也不会责备半个字的,因为在加拿大人看来,按时下班是每一个员工的自由。

在生活中,如应邀参加朋友的聚餐,既不能迟到也不能太早,迟到了主人不会等,客人不免要尴尬一番;太早到也不妥,假如约的8点,7点45到,可能主人还在手忙脚乱地准备,那时候尴尬的该是他们了。

(二) 谈判礼仪

1. 销售陈述

两种主流文化的加拿大人更喜欢缓和的推销方式,他们不喜欢过分进攻、激进的推销方式。避免夸大和贬低产品的宣传。

2. 议价的范围

注意不要过高抬高你产品的最初价格。许多加拿大购买商会厌烦你的高低价策略。相反,在进入市场时可预留一定的盈利空间,保证未来的发展,但是,不要留得过多。

3. 衣着规范

男士应该穿套装或者夹克,系领带。女士可以穿套装和衬衣。

4. 称呼方式

英裔加拿大人会议一开始会称呼博士、先生、夫人、小姐或女士,但是要注意你的搭档很快就会暗示你改称名字。使用尊称或头衔,多数英国人会不习惯。和法国人相比,魁北克人还是更正式一些。

5. 会晤和问候

初次见面,访问者应该用力握手,眼睛直视对方。一些加拿大人相信无力的握手代表软弱,眼睛不直视对方意味着不够可靠或不诚实。英裔加拿大人握手的频率低于大多数欧洲人。他们握手时间比拉丁美洲人短,但是要比东亚和东南亚人长。法裔加拿大人握手频率比英裔加拿大人高。介绍时、打招呼时、分手时都要握手。

6. 馈赠礼品

商务馈赠经常在宴会结束时举行。但是要记住贵重和表面装饰豪华的礼品在加拿大不适宜。最好是选择有品尝标识的礼物，或者你所在城市或地区的特色礼品。如果你的伙伴当面打开礼品，亚洲人不要感到惊奇，这是北美的风俗。送给女主人最好的礼物是鲜花、糖果、葡萄酒和你从家乡带来的特色礼品。

7. 饮酒和进餐

依据北美的风俗，不断地劝客人吃饭、喝酒是粗俗和挑衅的行为。如果你想要吃什么，你就应该作出肯定的反应。不要指望他会问上你两次！

四、就餐

在加拿大，早餐一般吃烤面包、鸡蛋、牛奶等。午餐一般吃三明治、汉堡等。晚餐为正餐，主食为肉类及鱼类，辅以蔬菜、面包和饮料。

在加拿大，牛肉是人们在餐厅的首选食品。加拿大人吃牛肉的花样繁多，但最经典的当属牛排。

在艾伯塔、马尼托巴、爱德华王子岛各省，饮酒的年龄限制为18岁，其余各省均为19岁。加拿大至今仍有禁酒法的遗痕，对能够饮酒的场所加以限定。公共场所之中，除餐馆、酒吧以外，街中、交通工具内（绝对禁止在公共汽车上饮酒，即使在出售酒精类饮料的VIA上，除车内所售啤酒外一律严禁）、海岸等地均不允许饮酒。

加拿大人在饮食嗜好上有如下特点：

（1）讲究菜肴的营养和质量，注重菜肴的鲜和嫩。

（2）口味一般不喜太咸，偏爱甜味。

（3）主食一般以米饭为主。

（4）喜欢吃牛肉、鸡、鸡蛋、沙丁鱼、野味类等；以及西红柿、洋葱、青菜、土豆、黄瓜等蔬菜；调料爱用番茄酱、盐、黄油等。

（5）制法：偏爱煎、烤、炸等烹调方法制作的菜肴。

五、文化礼仪及禁忌

加拿大是多民族国家，其文化受各种族影响而呈多样化，多元文化主义受宪法保护。从全国范围来看，加拿大呈现出显著的文化马赛克现象，即加拿大文化由不同地区的文化、原住民的以及不同种族次文化构成。加拿大的多元化文化相对访问者来说有点复杂。你必须清楚将要和你打交道的商人的文化背景，他的母语是英语、法语、还是其他。由于篇幅的限制，这里笔者集中介绍两个主要的商务文化：英裔加拿大人和法裔加拿大人的商务文化。英裔加拿大的谈判者往往是生意导向型的，他们办事作风直接、不太讲究礼仪、非常平等、保守并且相对强调时间观念。多数的法裔加拿大人则更讲究礼仪，属于相对关系导向型文化，他们等级观念强烈、善于表达情感，并且时间观念不是很强。英裔加拿大人不如他们感情外露、表情自信，比他们更正式、更保守一些。与法裔加拿大人做生意时，会遇到更大的文化差异。后者不愿和他们不熟悉的人做生意，会议期间会采取迂回方式解决问题，而不是直接进入话题正式、迅速地讨论，有时感情激动。

1. 商务语言

海外讲英语的访问者会发现很容易与英裔加拿大人进行交流。流利的法语在魁北克省做生意是一笔"财富"。然而，在主要的商业中心会很容易找到优秀的翻译，比如在蒙特利尔、多伦多和范库弗峰。

2. 接触

与法裔加拿大人进行接触是很重要的。冷酷的电话通常得不到好的效果，因此应该在商务展览会上安排引见或者会见潜在的客户。英裔加拿大商人更开放一些，可以与他们直接接触，当然引见介绍也是很有用的。在和英裔加拿大人接触时，使用英语发邮件或传真介绍你的公司和产品，就表明了你很有意向合作。然后，打电话约定见面洽谈，由对方定下时间和地点。

3. 初次会见

生意导向型的英裔加拿大人一般很快就和新的商务伙伴进入谈判，而法裔加拿大人则喜欢更长时间的准备。他们想要在详细谈判前更多地了解供应商或者合作伙伴。

4. 守时

两种加拿大的主流商业文化都要求约会准时。然而，法裔加拿大人不如英裔加拿大人时间观念强。魁北克省的会议议程往往很灵活，计划多少有些随意。

5. 正式性和非正式性

对英裔加拿大人来说，平等是重要的价值观，许多人面对地位、级别的差异会觉得不舒服。相反，法裔加拿大人是分等级的，他们的价值观与他们祖国的文化比较接近。然而个人的社会地位和家庭背景通常不如在法国重要。英裔加拿大人常常希望迅速地称呼对方的名字，即使是对刚刚见面的人。这种非正式是友好、热情的信号。法裔加拿大人则更正式一些。

6. 沟通的礼仪

不含蓄的英裔加拿大人比含蓄的法裔加拿大人更直接。英裔加拿大人喜欢坦率、直接的交流，他们可能没有意识到这样会冒犯诸如东亚和东南亚的客人。加拿大人会对亚洲和中东谈判者间接、迂回、含蓄的礼貌方式感到困惑。魁北克人比英裔加拿大人更外向，他们使用语言和非语言行为表达情感。例如，法裔加拿大人在会议期间经常互相打断谈话，站得也比较靠近，使用肢体语言或表面化的表达，这些都比英裔加拿大人随意。在西部和东部濒大西洋的省份，通常人与人之间保持大约一臂的距离。人们比在阿拉伯、南欧和拉丁美洲站或坐时要远。身体接触行为适度。也就是说，人与人之间的身体接触要比在拉丁美洲和地中海地区少，但是比亚洲和东南亚的多。

7. 送礼应有目的，不随便送礼

加拿大人生日、结婚、分别等都要送礼。讲究礼品包装，一般用彩色礼品纸包裹，扎彩带，装饰彩花，礼品上附有签名贺卡。接受礼品者应当面打开并致谢。加拿大人常以家宴款待客人。上门作客不能提早到达；作客时应随带一瓶酒、一盒糖、一束鲜花等礼物，或送给女主人和孩子一些小礼物。作为礼物的酒，要在宴请时即用。家宴一般是冷餐会，饮食放在桌上，各人自取，座位自选，或站着进餐，边吃边谈。第二天，客人应写信给女主人，表示感谢。晚上作客不宜久留，一般在10时前告辞，周末在11时30分前告辞。

第三节　自我介绍与产品介绍礼仪

一、基本礼仪

根据公关礼仪的惯例，地位低者先介绍。比如，主人要先向客人自己介绍一下；公关人员要向贵宾作自我介绍；男士要向女士作自我介绍；晚辈要向长辈作自我介绍。位低者先介绍，这是非常重要的一个细节。当然有的时候也没有必要过分地拘谨，如果对方位低，但他忘了介绍了，位置高的人，先作个自我介绍也没有什么。但是，应该位低的人先作介绍，这是介绍的顺序，这一点很重要。

自我介绍是日常工作中与陌生人建立关系、打开局面的一种非常重要的手段，因此，让自己通过自我介绍得到对方的认识甚至认可，是一种非常重要的职场技术。

在进行自我介绍时，需要注意些什么呢？先递名片再作介绍，先递名片有三个好处，其一，少说很多话。自己什么头衔，什么职务，就都没有必要说了；其二，加深对方印象；其三，表示谦恭。交换名片的时候，也是地位低的人先递名片，表示对对方的尊重。

自我介绍的注意事项：

（1）注意时间：要抓住时机，在适当的场合进行自我介绍。当对方有空闲，而且情绪较好又有兴趣时，自我介绍效果最好。自我介绍时还要简洁，尽可能地节省时间，以半分钟左右为佳。为了节省时间，作自我介绍时，还可利用名片、介绍信加以辅助。

（2）讲究态度：进行自我介绍，态度一定要自然、友善、亲切、随和。应落落大方，彬彬有礼。既不能唯唯诺诺，又不能虚张声势，轻浮夸张。语气要自然，语速要正常，语音要清晰。

（3）真实诚恳：进行自我介绍要实事求是，真实可信，不可自吹自擂，夸大其辞。

二、相关英语表达

1. 介绍员工

A：Good morning, Tom. I'd like you to meet Alice. She is our new software engineer. Alice, Tom is our department manager.

A：早上好，汤姆。我想让你见一见爱丽丝，她是我们新来的软件工程师。爱丽丝，汤姆是部门经理。

B：Hello. It's a pleasure to meet you, Alice. Welcome aboard.

B：你好，很高兴见到你，欢迎到这儿来。

C：It's an honor to meet you sir. I am looking forward to working for you.

C：很荣幸见到您，我一直期望能为您工作。

B: From what I've heard, you are going to be excellently fit. I'll see you this afternoon to go over things.

B：据我所知，你将非常适合这个工作，今天下午我想就有关问题和你谈一谈。

C: That's fine with me.

C：好的。

2. 产品介绍

卡尔先生：This is the model I was interested in.

这就是我所感兴趣的那种样式。

罗伯特先生：I should be very happy to give you any further information you need on it.

我很乐意提供您所需要的关于它的进一步的信息。

卡尔先生：Yes. What are the specifications?

好的。都有哪些规格呢？

罗伯特先生：If I may refer you to the brochure you'll find all the specifications there.

如果您看一下这个手册，就会找到所有的规格。

卡尔先生：Ah, yes. Now what about service life?

哦，好的。使用寿命呢？

罗伯特先生：Our tests indicate that this model has a service life of at least four years.

我们的实验表明这种样式至少可以使用四年。

卡尔先生：Is that an average figure for this type of equipment?

那是这种样式的平均水平吗？

罗伯特先生：Oh no, far from it. That's about one year longer than any other make in its price range.

哦，不是的，相差还很远。这种比在它的价格范围之内的任何其他样式都要长出一年左右。

卡尔先生：Now what happens if something goes wrong when we're using it?

如果这种设备在我们使用的时候发生故障，该怎么办呢？

罗伯特先生：If that were to happen. Please contact our nearest agent and he'll send someone round immediately.

一旦发生那样的情况，同我们最近的办事处联系，他会马上派人过去的。

3. 新产品介绍

林先生：These are our new models.

这些是我们的新产品。

李小姐：What are their strong points?

有什么优点？

林先生：There's a lot to be said for them. In the first place. They are more durable than any similar ones on the market.

优点很多。首先，它们比市场上任何类似产品更耐用。

李小姐：Why does it take longer to wear out than the others?

为什么它比其他产品耐用呢？

林先生：The yarn is carefully selected for quality and woven very tightly in this fabric.

这纱的质量是经过精心挑选的，而且质地织得很紧密。

李小姐：Can you leave these samples with us?

可以把样品留下来吗？

林先生：How long do you want to keep them?

你要留多久？

李小姐：About three days.

大约三天。

林先生：That's all right.

好吧。

4. 新型产品介绍

阿里：It was very kind of you to give me a tour of the place. It gave me a good idea of your product range.

谢谢你们陪同我看了整个工厂，这次参观使我对你们的产品范围有了一个很好的了解。

布兰克：It's a pleasure to show our factory to our customers. What's your general impression, may I ask?

带我们的客户来参观工厂是我们的荣幸，不知道你总体印象如何？

阿里：Very impressive, indeed, especially the speed of your NW Model.

很好。尤其是你们的 NW 型机器的速度。

布兰克：That's our latest development. A product with high performance. We put it on the market just two months ago.

那是我们新开发的产品，性能很好，两个月前刚投放市场。

阿里：The machine gives you an edge over your competitors, I guess.

和你们的竞争对手相比，我想这机器可以让你们多占一个优势。

布兰克：Certainly. No one can match us as far as speed is concerned.

当然，就速度而言，目前没有厂家能和我们相比。

阿里：Could you give me some brochures for that machine? And the price if possible.

能给我一些那种机器配套的小册子吗？如有可能，还有价格。

布兰克：Right. Here is our sales catalog and literature.

好的。这是我们的销售目录和说明书。

阿里：Thank you. I think we may be able to work together in the future.

谢谢，我想也许将来我们可以合作。

【案例】

加拿大的多伦多北方服装公司急需从中国进口一批男士衬衣，经过事前的考察研究，多伦多北方服装公司选中了常青服装厂,这是广州一家大型服装生产商,已与美国有着稳定的商业往来。

经过大量联系之后,多伦多北方服装公司副总彼得·马丁专程飞到广州,确定一份衬衣采购合同。彼得与常青服装厂人员就布质构造、型号、颜色、包装、发货、价格、支付条件和其他细节问题,进行了详细的商讨。

冗长的谈判使彼得很疲惫,非常盼望进行签约仪式。但就在这时,彼得忽然想到常青服装厂虽然向美国出口过货品,但还没有和加拿大公司有过出口业务,可能对加拿大的商标要求不太熟悉。于是,彼得向中方厂商解释说明,向加拿大出售的所有服装的商标都必须有英文和法文的双语说明。

这个要求让中方有些担心,因为他们没有懂法语的人,所以非常希望采用中英文的双语商标。在商量过程中,中方的王经理笑着对彼得说:"马丁先生,恐怕提供英法商标有点困难,这个问题得再研究一下。"

彼得说道:"英法的双语商标是加拿大法律中要求的,请你理解,我们确实没有其他选择,这是法律的规定。"

在和厂里组员简单商量之后,王经理又笑着说:"马丁先生,我们会仔细考虑您的要求。恐怕确实很困难,但当然了,我们常青服装厂会尽力的。"终于解决了最后的细节问题,彼得松了一口气,签署了购买合同,并返回加拿大。

7个月后,彼得接到了北方服装公司库房质量控制经理的电话,"马丁先生,出了点问题。你知道我们从中国进口的那批男士衬衣吧?这些衬衫上的双语商标,是中英文的!"彼得愣住了,他一直认为常青服装厂已经同意提供英法双语的商标。

【讨论】

1. 如果你是中方谈判人员,你会如何回应马丁先生的英法双语商标要求?
2. 王经理说:"常青服装厂会尽力解决这个问题的。"这意味着什么?
3. 你觉得谁应该对此次失误负责呢?

【分析】

◎ 矛盾冲突

本案例中所产生问题的主要原因是中加双方谈判时交流的误解。当马丁先生对常青服装厂提出提供英法双语商标的要求时,中方由于缺少相应的语言工作人员而感到较难实现。但是在回答时,中方并没有直接说不能满足要求,而是说这个问题需要再研究一下,争取能够解决。这样的话在中国人的交流习惯中只是一种客套,更多的是履行语言的一种社会功能,而没有传达实质性的信息。但马丁先生却信以为真,认为中方的态度是肯定的,这个要求肯定能够得到满足,于是欣然签约。最后的结果却是马丁先生万万没有想到的。在这样的情况下,应该指责中方不守诚信、故意违约吗?

◎ 原因分析

本案例揭示了中西文化在表达方式上的一个重要差异，那就是直接和间接的表达方式，尤其是在本案例中，表示拒绝或不能接受的意思时，这种差异尤为关键。

中国人以和为贵，自古以来，都主张家和万事兴，和气生财。可以看出，中国人在交往中的一大特点就是，要最大可能地保存和谐融洽的气氛和人际关系，避免冲突。这就使中国人的语言富有一些特点，即在表示拒绝、反对等意思时，尽量使用比较模糊和婉转的字眼和表达方式。比如，"很困难"可能就意味着"不行""没戏"，如果说"再研究研究"，可能就意味着希望不大或有意拖延。所以这时一定要视情况判断，而不能只看表面字眼的意思，就是要读懂言外之意。

相比之下，西方人就直率得多了，不会绕这么大圈子。行或不行都会很直接。他们对保持人与人之间的和谐看得不像中国人那么重。他们注重得更多的是事实，是诚信，是效率，所以说话的时候一般会直言不讳。不了解这种交流方式的中国人有时会觉得受到冒犯，但其实只是表达习惯的不同而已。因此，中西方表达方式的差异以及加拿大公司对中国文化不够了解是造成案例中问题的主要原因。

【文化沟通】

随着国家间经济贸易往来的日益增加，中国在国际市场上也扮演越来越重要的角色。对外交往中，首先要做足功课，了解对方的文化和双方的异同。中国文化博大精深、微妙复杂，要真正理解也不容易。国外公司在来华之前，要多了解中国人的特点，首先就是要了解中国人说话的基本和典型的特点，加强文化意识，并有意识地去适应这种差异。否则，稍不留意，忽视了话语中的隐含信息，就有可能造成损失。同时，中国人也要积极地做出相应的改变，尽量不要使用模棱两可的含蓄表达，以避免产生不必要的误解。

模块五

突发事件处理

第十一章 学习情境——英国

N 公司职员赵健接受公司委派，前往英国学习 3 个月。学习结束准备回国前，赵健由于粗心遗失了钱包和护照，所以他需要了解如何补办护照或其他证件以尽快回国。

【任务引入】

赵健代表公司前往英国，进行为期 3 个月的学习，学习就快要结束了，结果在临回国的前几天，由于粗心遗失了钱包和护照，那他要如何尽快地补办好护照及其他证件如期回国呢？

【任务分析】

英国法律与中国的法律存在一定差异，办理证件的各种流程也有很大的差别。赵健在申请补办手续的过程中，需要注意对方的文化习俗、办事原则等相关事项，以避免在补办过程中出现差错，完成不了手续，耽误了回国行程。

【任务】

（1）了解英国基本的人文地理知识。
（2）了解英国的法律和突发事件的处理方法。

第一节 英国概况

一、位置

英国全称大不列颠及北爱尔兰联合王国（The United Kingdom of Great Britain and Northern Ireland），位于欧洲西部，由大不列颠岛（包括英格兰、苏格兰、威尔士）、爱尔兰岛东北部和一些小岛组成。英国是大西洋中的群岛国家，属于西欧。东临北海，西面以大西洋与北美洲相对，南隔英吉利海峡和欧洲大陆相望。海岸线总长 11 450 千米。英国属温带海洋性气候，气候温和，冬无严寒，夏无酷暑。通常最高气温不超过 32℃，最低气温不低于-10℃。但英国的天气变化十分频繁，也许刚才还晴空万里，转眼间就下起了倾盆大雨。每年 2~3 月最为干燥，10 月至翌年 1 月最为湿润。

二、面积与人口

英国国土总面积 24.41 万平方千米（包括内陆水域），人口约 6140 万，其中英格兰占 83.6%，苏格兰占 8.6%，威尔士占 4.9%，北爱尔兰占 2.9%（2008 年数据）。

三、语言

英国的官方语言为英语，威尔士北部还使用威尔士语，苏格兰西北高地及北爱尔兰部分地区仍使用盖尔语。

四、宗教

英国居民多信奉基督教新教，主要分英格兰教会（亦称英国国教圣公会，其成员约占英国成人的 60%）和苏格兰教会（亦称长老会，有成年教徒 59 万）。另外还信奉天主教会及伊斯兰教、印度教、锡克教、犹太教和佛教等。

五、国旗、国歌、国花、国鸟

1. 国旗

英国国旗呈横长方形，长与宽之比为 2∶1，为"米"字旗，由深蓝底色和红、白色"米"字组成。旗中带白边的红色正十字代表英格兰守护神圣乔治，白色交叉十字代表苏格兰守护神圣安德鲁，红色交叉十字代表爱尔兰守护神圣帕特里克。此旗产生于 1801 年，是由原英格兰的白底红色正十旗、苏格兰的蓝底白色交叉十字旗和爱尔兰的白底红色交叉十字旗重叠而成。

2. 国歌

英国的国歌是《上帝保佑女王》(*God Save The Queen*)，如在位的是男性君主，国歌改为 *God Save The King*.

3. 国花

英国的国花是玫瑰。自玫瑰战争（1455—1485）起，玫瑰即成为英格兰的象征。当时代表兰卡斯特皇室的是红玫瑰，代表约克皇室的是白玫瑰。后来，约克政权被击败瓦解，但是双方在战后通过联姻和解，这两种玫瑰合而为一为白蕊的红玫瑰。

4. 国鸟

英国国鸟是红胸鸲，又名知更鸟。红胸鸲被称作"上帝之鸟"，是英国人最熟悉、最喜欢的一种小鸟，因此，1960 年英国国民投票将其选定为国鸟。

六、行政区划

英国分为英格兰、威尔士、苏格兰和北爱尔兰四部分。英格兰划分为 43 个郡。苏格兰下设 32 个区，包括 3 个特别管辖区。威尔士下设 22 个区。北爱尔兰下设 26 个区。

七、首都

英国首都伦敦（London）位于英格兰东南部的平原上，跨泰晤士河，距离泰晤士河入海口 88 千米。伦敦分为伦敦城和 32 个市区，伦敦城外的 12 个市区称为内伦敦，其他 20 个市区称为外伦敦。伦敦城、内伦敦、外伦敦构成大伦敦市。大伦敦市又可分为伦敦城、西伦敦、东伦敦、南区和港口。伦敦受北大西洋暖流和西风影响，属温带海洋性气候，四季温差小，夏季凉爽，冬季温暖，空气湿润，多雨雾，秋冬尤甚。平均气温 1 月为 4.5℃，7 月为 18℃，年降水量为 1 100 毫米左右。

八、货币

英国使用的货币是英镑。英镑主要由英格兰银行发行，最常用的表示符号是£。英国纸币面额主要有 5、10、20、50、100 英镑，硬币有 1 便士、2 便士、5 便士、10 便士、20 便士、50 便士、1 英镑及 2 英镑，1 英镑=100 便士。

第二节　生活、文化礼仪

一、语言

英国的官方语言是英语（English）。不过在英国，你可能还会听见别的语言，如威尔士语（Welsh）、爱尔兰盖尔语（Irish Gaelic）、苏格兰低地语（Scottish Gaelic）、康沃尔语（Kolnish）等，其中苏格兰低地语和苏格兰盖尔语是苏格兰南部和北部地区两种截然不同的语言，而康沃尔语则主要在康沃尔郡使用。但不管在英国什么地方，英语都是最为主要的语言。

二、饮食

英国人的口味比较清淡，喜欢清炖的菜肴，爱喝清淡的汤，餐桌上的菜数量不多，但是讲究花样，讲究原汁原味，他们几乎不吃辣的，也不喜欢吃浓汁的菜。早餐一般是粥、面包、熏咸肉、烩水果、麦片、橘子酱等，午餐和晚餐一般是两菜一汤和点心。他们有在下午喝咖啡的习惯，咖啡、蛋糕、三明治、布丁等都是下午茶时的重点美食。

三、出行

1. 飞机

几乎每个英国城市（曼彻斯特、爱丁堡、格拉斯哥等）都有国际机场，特别是伦敦，有 6 个机场，其中最主要的机场是希思罗机场，它是大多数游客出入英国的机场之一。

2. 火车

英国的铁路系统非常完善，各种设施都很完备，选择火车出行也是很方便的。英国的火车票根据单程、往返、高峰时段、非高峰时段的不同，价格相差很大，而且提前一周预定和当天买当天走，价格也会有很大的差异。

3. 汽车

英国长途汽车车身先进，乘坐起来很舒服，虽然时间上会比飞机或火车长一些，但票价便宜，很受欢迎。英国有长途汽车通行证，时间有7天、14天、28天三种，可以在英国各大城市的长途汽车总站购买，在购买时需要提供护照。长途汽车通行证只是一种长途汽车的折扣票，不能保证有座位，如果想有座位，要另外花1.5英镑订位，如果不订位，就只能到汽车站等车，一旦车满员了，就不能上车了。

4. 地铁

在英国，只有伦敦、曼彻斯特、格拉斯哥等城市有地铁，其中伦敦地铁是世界上最早的地铁。在大街上，如果看到"Underground"的标志，那就是地铁站入口。伦敦地铁的站台上只有该站的站名，没有国内地铁"开往××方向"及下一站之类的标识。不过通道及电动扶梯附近都有地铁线路图，可以按颜色找到自己要乘坐的路线。到达目的地的车站后，追寻写有黄色"出口"（Way Out）的标识到检票口，由此出站即可。

5. 出租车

可能很多人都已经习惯了站在马路边上挥手叫出租车，可是在英国，这样打车是行不通的。在英国的大街上很难看到待客的出租车，一般都是电话叫车。当你说明要车的时间、地点后，出租车会在你指定的时间、地点等着你。如果你马上就要用车的话，一般在10分钟内就能赶到。英国的出租车司机一般都会很绅士地请你上车，也不会绕远路，或故意找错钱，但是出租车的标价都很高，因此你在打电话预定的时候就要问清楚价格。

四、礼仪习俗

英国是一个非常注重礼仪的国家，在这里，有很多礼仪习俗是外国人必须知晓并遵循的。

（一）社会礼仪

在英国，不管是逛完商场后结账，或去面包店买早餐，或上公共汽车、火车，或买报纸等都要排队，不能说人多或自己赶时间就到前面去插队。插队被当地人认为是不齿的行为。在自动提款机旁，人们会有意识地与正在使用机器的人保持合理的距离；在拥挤的地方，人们习惯尽量保持距离，避免碰撞；在自动扶梯上会自觉靠右站好，以便急于通行的人从左侧通过。

在英国购物，最忌讳的就是砍价。英国人不喜欢讨价还价，认为这是丢面子的事情。如果你购买的是件贵重的艺术品或数量很大的商品时，你也需要小心地与商家商定价格。

在英国，如果你想去厕所就要说得比较委婉，可以说"等几分钟"或"我想洗手"，也可以说"去男人的房间"或"去女人的房间"。不过在英国，去厕所最常说的就是"I want to go to somewhere"，意思是"我想去那个地方"。另外，在朋友和家人之间，则常用"100号"代表厕所。

在英国的很多场合，女士优先是一个人人皆知的行为准则，这也说明了英国男士是深谙绅士礼仪的。通常情况下，英国男士总是把女士放在优先考虑的地位。如男女一起进入房间，男士要替女士开门；进房间或进餐馆大多是女士在前，除非男士必须去选餐桌、开车门或做其他；在街上行走或过马路时，男士要走在女士身边靠来车方向的一侧，如果一个男士和两个女士一起走，他应当走在两者当中。

在宴会上，主人把客人领进客厅时，如果客人是位女士，她进客厅时，厅中的大多数男士都要站起来以示敬意。通常是把男士介绍给女士，除非他年长得多或地位高得多。一般的惯例是年轻的介绍给年长的。不管进入客厅的是男士还是女士，在客厅里就座的女士都不必起身回礼。宴会开始，男士们为女士们拉开椅子，帮女士入座。

（二）禁忌

在英国，有两个方面的问题是不能问的，一是男士的收入，甚至连他家里的家具值多少钱，也是不该问的；二是女士的年龄。在女士面前，最好说一句"你看上去好年轻"或"你好漂亮"，这样她们会很高兴。

英国人认为13和星期五都是不吉利的，尤其是13日与星期五相遇时，他们就更忌讳了，这个时候，许多人宁愿待在家里也不出门。所以，在与英国人交谈的时候，最好避免谈到13和星期五这样的字眼。另外，最好不要与别人谈论政治倾向等问题，可以谈论美食、体育、电影等方面的话题。

英国人忌讳四人交叉握手，忌讳点烟连点三人。此外，不能在室内和公共场所吸烟，吸烟应到专门的吸烟区。如果没有吸烟区，就要先得到别人的同意才可以。

第三节 突发事件处理

在境外旅行或留学丢失护照是一件令人烦恼的事情，可以说是整个行程的一大阴霾。请尽量不要随身携带护照，以免丢失。万一丢失的话，首先要去警察局备案，取得遗失证明。如果有人捡到了并且送到警察局，他们会第一时间通知你。取得遗失证明后，请前往中国驻当地使领馆申请补办护照。

如你持有英国长期签证，因丢失护照而想申请一本新护照，需要您本人亲自前来使领馆递交申请，但取证时可委托他人凭取证单代取。持短期签证临时来英的中国公民，若护照丢失，应到中国使领馆申请旅行证。

所需准备材料：

（1）事先填妥《中华人民共和国护照/旅行证/回国证明申请表》。

（2）事先填妥《驻英使领馆核查申请人护照（身份）情况表》。

（3）按照要求准备照片。

（4）在英合法停留的证明文件(签证、居留证、学生证、在读证明、工作单位证明中任一项)的原件及复印件（原件由工作人员查看后退还，复印件由使领馆留存）；如不能提供上述证明，须提交由英国内政部(HOME OFFICE)出具的证明您正在办理或即将获得合法签证或居留的材料原件，该文件自签发之日起2个月内有效，过期请重新开具。

（5）有关情况说明（内容包括申请人出国前情况、出国经过、出国后情况、护照丢失经过等）。

以上1至5项为您必须提供的材料。

（6）原护照带有本人照片那一页的复印件(如无留存，请尽可能提供护照号码和颁发日期，否则可能影响身份核查时间)。

（7）到使领馆现场签署"没有加入外国国籍声明"（仅限已取得英国永久居留权情况）。根据个案情况，领事官员可要求申请人提供英国内政部（HOME OFFICE）出具的没有加入英国国籍证明原件，该证明自签发之日起2个月内有效。

以上为"普通护照"补办手续。

如你是因公常驻英国人员，由于遗失公务护照或公务普通护照申请补发同类护照，你需立即向派出单位报失，履行相关程序获得批准后到使领馆办理，并根据规定提供相应材料。通常需要15个工作日，不收费，无加急件。

如你是临时因公来英人员且遗失了公务护照或公务普通护照，您须申请中国旅行证。

第十二章　意外事故处理

赵健补办完证件准备回国，从大使馆回寓所途中遭遇车祸，所幸只是轻微碰伤。赵健需了解在英国碰到这种情况该如何处理，以及怎样保障自己的最大权益。

【任务引入】

赵健前往英国进行为期 3 个月的学习。由于粗心遗失了钱包和护照，补办好护照及其他证件后，他却在从大使馆回寓所的途中遭遇了车祸，轻微碰伤。他需要了解在英国怎么处理这种突发情况，并同时保障自己的最大权益。

【任务分析】

英国法律与中国宪法千差万别，办理证件的各种流程上也有很大的差别。赵健在申请补办手续的过程中，需要注意对方的文化习俗、办事原则等相关事项，以避免在补办过程中出现差错，完成不了手续，耽误了回国行程。

【任务】

（1）了解英国的基本人文地理知识。
（2）了解英国的法律和突发事件的处理方法。

第一节　常见意外处理方法

一、中国公民领事协助

如您在英国遇到工伤、交通事故，或遭受被抢、被盗、被骗、被打或其他侵害，您应首先立即向当地警方报案或拨打紧急报警电话 999，并索要一份警察报告复印件。如您提出请求，中国驻英大使馆可以提供以下帮助：安排适当人员听取您的受害情况并承诺保护您的个人隐私；敦促警方尽快破案；了解案件进展情况；向您提供律师名单；推荐合适的医院；协助您与家人、朋友或雇主联系；寻求当地社会救助。但是，大使馆不能调查案件，不能代替您出庭，不能充当翻译，也不能替您支付律师费、医疗费或其他相关费用。

在向大使馆请求协助时，请您提供姓名、出生日期、联系方式、案件发生的时间、地点、经过，并请提供处理案件的警察局（或医院）的名称、地址、办案警员的姓名、联系方式及案件号。有关信息请以电子邮件发至 consular-service@chinese-embassy.org.uk，或发送传真至 02076369756。

二、道路交通事故中人身损害赔偿规定

在英国，无论受害者身体受到多轻或多重的伤害，只要是对方过失，均可向过错方的保险公司要求包括人身损害赔偿在内的各种损失赔偿。

人身损害赔偿申请一般分为以下三个类别：

1. 一般损失赔偿（General Damages）

一般损失赔偿指由于疼痛和生活质量的下降而导致的损失赔偿。这是对受害方所受到的实际伤痛的赔偿。具体金额由受伤的性质与程度以及对日常生活，如运动和爱好的影响来决定。

2. 特别损失赔偿（Special Damages）

特别损失赔偿又叫做经济损失赔偿，用于受伤而产生的经济损失和开销。主要包括：
- 误工损失（除去税和国家保险的净收入）；
- 任何个人药物或治疗的开支（如理疗）；
- 任何因伤而购置的辅助器材；
- 任何受害者本人和亲属的交通费用；
- 受害者的车或其他财产在事故中的损失；
- 雇车费；
- 家属或朋友自受害者出院后到案件解决期间照看受害者的估价，包括因照看而导致的损失。

3. 将来的损失和开支赔偿（Future Losses）

将来的损失和开支赔偿指对严重受伤者长时间的损失和开支的赔偿。赔偿金的计算通常要考虑以下的部分或全部因素：
- 将来的误工损失，包括可能提升的误工损失；
- 对享受退休金权利的影响程度；
- 将来私人看护的开支，即使是亲属自愿提供的看护；
- 如果有需要请专人管理索赔案件，经理人的雇佣金；
- 由于受伤而导致的对住房特殊要求的开支，包括任何额外的家庭费用开支；
- 理疗开支以及其他任何专门的治疗服务；
- 任何特别的辅助设备，包括它们每年的维护和置换费用。

三、具体注意事项

1. 如何遵照法律及要求来通知自己的保险公司

如果事故涉及其他车辆，有人受伤或财产受损（可能是另一辆车、围墙、灯杆），依据法律，第一件要做的事就是停下来。如果不是造成交通堵塞，不要移动车辆，然后报

警与通知自己的投保公司（警方视事故大小来决定是否到场），并交换双方细节（名字、地址、电话号码、车牌号码、保险公司、保险号码），尽可能地记录目击证人的姓名、电话、车牌号码。画张示意图来说明事故如何发生，如果可能，让对方在图上签名肯定。千万要记住，发生事故后，不是争论谁对谁错的时候，要保持冷静。在现场不要承认任何责任，即使您认为是自己的错。因为这要由专业人士来评定，否则，您可能被起诉并丧失证明自己无辜的机会。

2. 如何补偿自己遭受的损失

这里"损失"范围广大，包括财产损失（修车、租车）、人身伤害、误工损失以及由于事故而造成的工作、生活上的不便利。高昂的车险与复杂的英文保险条款，让很多华人不得不以息事宁人的方式来默默承受自己的损失。

在对方错的情况下，全保的车主可以索赔修车、租车的花费、人身伤害、误工损失以及其他财产损失。另外，保险中自付部分（EXCESS）、第二年由于这次车祸而导致的保险上涨部分、无车祸奖金（NO CLAIM BONUS）也由过错方赔付。投第三者责任险的车主享有同上的权益。在自己错的情况下，全保的车主可以索赔修车的费用、误工损失。不幸的是，投第三者责任险的车主则人与车都无保障。

相比较而言，所有乘客在以上情况下都可以主张人身伤害（即使是腰疼、背疼）赔偿。英国每年上涨的车险金中已覆盖了这一部分。即使车主是您的朋友或亲人您也不用不好意思主张自己的权益。一般来说，由于车祸，车主第二年支付保险公司车险的上涨部分为 100 到 350 英镑之间。但是人身伤害赔偿金远远大于车主第二年支付保险公司车险的上涨部分。

第二节 其他意外事故的处理

一、航班延误的处理

航班延误超过 2 小时，航空公司须为旅客提过饮料、点心；超过 3 小时又值用餐时间须为旅客提供餐食服务。如果航班延误需过夜，航空公司应为旅客提供旅馆住宿服务。

二、延长出国时间、更改出国路线的处理

一般过了签证期是没有延期的，只好重新办理。如果你在当地有可靠的朋友，可以帮你联系一下当地移民局，让他们给海关发传真过去，同时发一份传真给你，到海关的时候解释一下也可以。

三、相关法律专业词汇

犯交通罪	committing traffic offences
被告	accused

指控；陈述	allegation
举证责任	burden of proof
收费；控罪	charge
抗辩	defense
定额赔偿	liquidated damages
交通规则	traffic regulation
超速	excessive speed
撞车	crash
案件	case
案件受理费	litigation fee
案由	nature of case
办案	handle a case
保证	guarantee
保证金	bail
从重处罚	severe punishment
打官司	initiate legal proceeding
补偿报酬	compensatory payment
承担	assume
承担责任	to be responsible for
从宽处理	lenient punishment/liberal punishment
从轻处罚	lesser punishment
调查	investigation
调查取证	investigate and collect evidence
发生法律效力	be legally effective
罚款	fine
法规	laws and regulations
法纪	law and discipline
法律行为	act under the law
交付	delivery
交通部	Ministry of Communication
交通事故行政裁决	administrative decision of traffic accident

【案例】

一位英国总经理刚到泰国上任，他拒绝使用前任的汽车。该公司的财务经理是泰国人，他问新来的总经理喜欢奔驰的哪一个型号。而英国总经理却坚持要铃木车（Suzuki）或迷你库珀（Mini），他认为只要能在交通拥挤的曼谷街头驾驶就可以。

三个星期后，总经理给财务经理打电话，问汽车交付情况。财务经理直言不讳地说：

"我们明天就可以给您买一辆奔驰，但是铃木或迷你库珀就要花很长时间。"总经理请他看看能做点什么来加快进程。四个星期后，总经理要求看购买汽车的订单。采购部回答说，因为买一辆小型汽车要花太长的时间，他们决定订购一辆奔驰汽车。

总经理的忍耐到了极限。在第一次管理层会议上，他提到了这件事并且要求相关部门出面解释。在管理团队中占大多数的泰国经理们有点不好意思地解释说，他们实在没有办法骑自行车上班。

【讨论】

1. 为什么泰国公司很难给总经理配备铃木车或迷你库珀车？
2. 为什么泰国经理们说他们没办法骑自行车上班？

【分析】

◎ 矛盾冲突

在本案例中，来自英国的总经理不愿使用前任的车，要求公司购买相对小型的铃木车或迷你车，以便应付曼谷拥挤的交通。但他的泰国下属迟迟不能完成任务，反而坚持要给他买一辆奔驰车。最后总经理在管理会议上要求下属对此作出解释。

◎ 原因分析

泰国是等级观念很强的国家，泰国传统文化价值观的核心，如家长制、权威崇拜，等级观念是人们日常行为所公认的准则，甚至是一种"生活方式"。人们认为等级制度对礼有好处，所以不会向社会等级制度发起挑战。泰国的社会生活强调等级观念，依赖等级关系。在公司等社会机构中，强调正式的组织结构、各个等级保持一定的稳定性。因此，在本案例中，最后泰国职员的解释是，如果总经理的用车降低水准，公司所有职员的用车要整体降级，最终有些职员只能骑自行车上班，而这是他们不愿也无法做到的。在英国文化的价值观中，人们之间是平等的，公司中的领导者用车是为了工作，因此在英国总经理看来，交通工具的选用是为了提高工作效率，每个人都有选择的自由，自己选用什么样的车与公司其他人无关。

【文化沟通】

本案例中，如果英国总经理坚持一意孤行，很容易引起泰国员工的集体反感，会有被架空的危险。在跨国组织中，遇到这种情况应从实际情况出发，考虑大多数人的习惯和意见，做出不影响团队成员工作积极性和工作业绩的决策。

参考文献

[1] 胡文仲. 跨文化交际学概论[M]. 北京：外语教学与研究出版社，2003.
[2] 胡文仲. 跨文化交际面面观[M]. 北京：外语教学与研究出版社，1999.
[3] 蔡青. 跨文化交流[M]. 北京：清华大学出版社，北京交通大学出版社，2011.
[4] 廖华英. 跨文化交际案例分析[M]. 北京：北京理工大学出版社，2010.
[5] 谭自强. 图解跨文化交流学[M]. 西安：世界图书出版社西安公司，2010.
[6] 黎东良. 中德跨文化交际理论与实践[M]. 上海：同济大学出版社，2012.
[7] 张广宁. 在华合资企业核心员工跨文化管理研究[M]. 北京：经济管理出版社，2011.
[8] 李爱学. 跨文化交流：中西方交往的习俗和语言[M]. 天津：天津大学出版社，2011.
[9] 潘一禾. 超越文化差异：跨文化交流的案例与探讨[M]. 杭州：浙江大学出版社，2011.
[10] 杜学增. 中英文化习俗比较[M]. 北京：外语教学与研究出版社，1999.
[11] 窦卫霖. 跨文化商务交流案例分析[M]. 北京：对外经济贸易大学出版社，2007.
[12] 平洪，张国杨. 英语习语与英美文化[M]. 北京：外语教学与研究出版社，2000.
[13] 毕继万. 跨文化非语言交际[M]. 北京：外语教学与研究出版社，1999.
[14] 王前. 中西文化比较概论[M]. 北京：中国人民大学出版社，2008.
[15] 赵利民. 旅游客源国概况[M]. 大连：东北财经大学出版社，2012.
[16] 金惠康. 跨文化交际翻译[M]. 北京：中国对外翻译出版公司，2003.
[17] 金惠康. 跨文化交际翻译续编[M]. 北京：中国对外翻译出版公司，2004.
[18] 德尼兹·加亚尔. 欧洲史[M]. 海口：海南出版社，2000.